Wie es den Leuten von der Rosinkawiese nach dem Krieg erging

Gudrun Pausewang

Wie es den Leuten von der Rosinkawiese nach dem Krieg erging

Eichborn.

Fritz Hache gewidmet

Die Deutsche Bibliothek – CIP-Einheitsaufnahme

Pausewang, Gudrun:
Wie es den Leuten der Rosinkawiese nach dem Krieg erging /
Gudrun Pausewang. – Frankfurt am Main : Eichborn, 1996
ISBN 3-8218-0382-7

Umschlaggestaltung: Rüdiger Morgenweck
Satz: Fuldaer Verlagsanstalt GmbH, Fulda
Druck und Bindung: Wiener Verlag, Himberg
ISBN 3-8218-0382-7

Verlagsverzeichnis schickt gern:
Eichborn Verlag, Kaiserstraße 66, D-60329 Frankfurt am Main

Inhalt

Vorwort

Friedel Pausewang war meine Mutter. Sie starb vor einigen Jahren, kurz nach ihrem neunzigsten Geburtstag.

Mit ihr zusammen schrieb ich 1979 das Buch »Rosinkawiese – alternatives Leben vor fünfzig Jahren«. 1988 schilderte ich in »Fern von der Rosinkawiese« unsere Flucht unmittelbar nach dem Kriegsende, den siebenwöchigen Fußmarsch über schlesische und ostdeutsche Landstraßen. Ein Jahr später folgte »Geliebte Rosinkawiese«. Darin berichtete ich, wie ich neunzehn Jahre nach dem Krieg unsere Rosinkawiese, unsere Heimat wiedersah und von da an behutsam eine Freundschaft zwischen den Pausewangs und den jetzigen tschechischen Besitzern aufzubauen begann.

Schon seit zehn Jahren hatte ich vor zu erzählen, wie unser Leben *nach* der Rosinkawiesen-Ära weiterging. Das heißt, wie meine Mutter es schaffte, in den schlimmsten Nachkriegsjahren, sozusagen aus dem Nichts, wieder eine Existenz aufzubauen – als Kriegswitwe mit sechs unmündigen Kindern.

Sie bereitete mir für dieses Buch schon Notizen vor. Darauf konnte ich jetzt zurückgreifen, wenn mich mein eigenes Gedächtnis im Stich ließ.

Das vorliegende Buch schrieb ich mit voller Absicht nicht in der Ichform, nicht aus dem Blickwinkel der Tochter. Ich wollte diese Friedel aus größerem Abstand, also objektiver darstellen. Als eine der zahllosen Frauen, die, als der Krieg zu Ende war, in unerhörter Tapferkeit und ohne männliche Hilfe und Bevormundung dafür sorgten, daß sich in den Ruinen wieder Leben regte. Daß die Kinder satt wurden und wieder lachen lernten. Ich wollte sie schildern als starke Frau aus der Generation starker Frauen, die die Trümmer des Materiellen wie des Ideellen als Herausforderung verstanden, heiter »Ich – aufgeben? Nie!« riefen und aufzuräumen begannen.

Meine Mutter hätte sicher gern mitgeschrieben und mir beratend zur Seite gestanden. Dafür ist es zu spät. Aber uns, ihren Kindern, blieb genug Zeit, um sie unsere Dankbarkeit spüren zu lassen.

Gudrun Pausewang

Wie kommt eine Saarbrückerin nach Ostböhmen?

Wer war Elfriede Pausewang, geborene Müller?

Für eine »Tochter aus gutem Hause«, 1902 geboren – zu einer Zeit, als Deutschland noch eine Monarchie war und der eitle Kaiser Wilhelm der Zweite auf meist unkluge Art das Volk der zu Untertanen erzogenen Deutschen regierte –, war ihr Lebenslauf ziemlich ungewöhnlich, also keinesfalls typisch für ihre Generation.

Als Tochter des Saarbrückener Großkaufmanns Carl August Müller wuchs sie in einer gutbürgerlichen Atmosphäre auf, umsorgt von Eltern und Hauspersonal. Als sie fünf Jahre alt war, bekam sie noch eine Schwester, die den Namen Hildegard erhielt. Sie selbst wurde Friedel gerufen. Aus ihren Kinderfotos läßt sich schließen, daß sie ein sehr ernstes kleines Ding gewesen ist.

Sie besuchte eine Privatschule, die sich nur begüterte Eltern leisten konnten. Schon als Kind lernte sie auf Familienreisen die Atmosphäre von Bad Ems und Baden-Baden, von Meran und Nizza kennen. Aber sie verbrachte auch glückliche Sommer auf dem Land: bei ihren väterlichen Verwandten in Marienberg im Westerwald. Diese rauhe, abgelegene Gegend war die Heimat ihres Vaters.

Als sie zehn Jahre alt wurde, war Schluß mit Luxus und Wohlbehütetsein. Ihr Vater, den sie vergöttert hatte und ihr ganzes Leben lang in liebevoller Erinnerung behielt, starb nach einem langen und qualvollen Nierenleiden. Ihre Mutter mußte mit der Vermietung von möblierten Zimmern den Lebensunterhalt für sich und die beiden Töchter verdienen. Einer der »möblierten Herren« war der Architekt Fritz Hache. Er und Friedels Mutter lebten ihr weiteres Leben gemeinsam.

Friedel besuchte das städtische Mädchenlyzeum bis zur mittleren Reife. Sie war immer noch »höhere Tochter« und mußte bemüht sein, die Verarmung ihrer Familie zu verbergen, wenn sie mit den anderen mithalten wollte. Darunter litt sie.

Mit ihrem vierzehnten Lebensjahr – mitten im Ersten Weltkrieg – wurde sie von einer Freundin in den »Wandervogel« eingeführt. Hier galt nur jeder selbst, hier spielte keine Rolle, was die Eltern besaßen und welche Position der Vater hatte.

Dem »Wandervogel« gehörten junge Leute aus überwiegend bürgerlichen Kreisen an, die das verstaubte und verkrustete bürgerliche Leben des beginnenden 20. Jahrhunderts mit seinen gesellschaftlichen Zwängen, seiner moralischen Verlogenheit ablehnten. Diese Jugendbewegung, die sich innerhalb weniger Jahre in allen deutschsprachigen Teilen Europas ausgebreitet hatte, strebte zurück zu Natur und Natürlichkeit. In Kittelkleidern und kurzen Hosen zog die Wandervogeljugend durch deutsche »Gaue«, übernachtete in Scheunen in Heu und Stroh, verpflegte sich aus dem »Hordenpott«, sang abends zur Klampfe Lieder aus dem »Zupfgeigenhansel« rund ums Lagerfeuer und begeisterte sich für das »einfache Leben«.

Hier fühlte Friedel sich zu Hause. Bald wurde sie Führerin, gestaltete Heimabende und organisierte »Fahrten« ihrer Gruppe.

Auch als sie – nach Abschluß der sechsten Klasse des Lyzeums – nach Mainz ging, um dort das Kindergärtnerinnenseminar zu besuchen, war sie weiterhin im »Wandervogel« aktiv.

Sobald sie staatlich geprüfte Kindergärtnerin war, sattelte sie noch eine Jugendleiterinnenausbildung drauf, damit sie auch Kinderheime leiten durfte. Sie arbeitete in verschiedenen Heimen, bis sie sich 1923 um eine Stelle als Erzieherin in dem von Hermann Lietz gegründeten Landwaisenheim bei Veckenstedt im Harz bewarb. In diesem Heim herrschte der Geist der Jugendbewegung, wurde bewußt einfach gelebt, und die Erwachsenen, die hier arbeiteten, waren Idealisten. Für die Wandervogeljugend war Veckenstedt eine Art Kult-Heim.

Friedels Erwartungen wurden nicht enttäuscht. Und obwohl sie für ihre Arbeit im Heim, bis zu sechzehn Stunden am Tag, fast nichts bezahlt bekam – es herrschte Inflation –, engagierte sie sich mit Begeisterung.

Im selben Heim arbeitete Siegfried Pausewang, jüngster Sohn eines Dorfschullehrers in Ostböhmen, Diplomlandwirt, drei Jahre älter als Friedel Müller. Auch er war Wandervogelmitglied, war begeistert von der Idee des einfachen Lebens im Einklang mit der Natur. Fasziniert vom pädagogischen Ruf der Hermann-Lietz-Heime, war er schon zwei Jahre früher als Friedel nach Veckenstedt gekommen. Er war zuständig für die Verwaltung des landwirtschaftlichen Betriebes, der zum Heim gehörte, und unterrichtete Biologie in der Heimschule. Mit Vollbart, in Kittel und Kniehosen machte er wahrscheinlich auf nicht »Jugendbewegte« einen merkwürdigen Eindruck. Aber im Heim fiel er durchaus nicht aus dem Rahmen.

Friedel und Siegfried fanden Gefallen aneinander, zumal sie ja auch im Grundsätzlichen, in der »Idee«, wie man das damals nannte, übereinstimmten. Und so heirateten sie 1924 und nahmen den Geist von Veckenstedt mit in die Tschechoslowakei, nach Wichstadtl im Adlergebirge, der ostböhmischen Heimat Siegfrieds.

Rosinkawiesenzeit

Etwa einen Kilometer außerhalb des Dorfes Wichstadtl begannen sie gemeinsam, ihr Ideal zu verwirklichen: ein sumpfiges Stück Land in einen fruchtbaren Garten zu verwandeln und autark von ihm zu leben.

Es gab in den zwanziger und dreißiger Jahren viele solche Siedler in Deutschland, die vor allem durch einschlägige Zeitschriften voneinander wußten und, oft heiß diskutierend, miteinander in Verbindung standen. Auch ganze Siedlerdörfer gab es, zum Beispiel »Eden« in der Nähe Berlins.

Den Wichstadtler Bauern war das Tun des jungen Paares allerdings unverständlich. Ein Akademiker, der sich damit abgab, Steine aus der Erde zu klauben und Salat zu pflanzen, statt einen gutdotierten Posten zu bekleiden, war der noch bei Trost?

Siegfried und Friedel bauten ein kleines Holzhaus auf ihr Stück Land und nannten ihre Siedlung »Rosinkawiese«. Zwei Hektar groß, überschritt sie nicht die physischen Kräfte zweier junger, körperliche Arbeit liebender Menschen, deren Motivation aus Idealen gespeist wurde. Sie gruben den steinigen Boden um, ackerten, säten, pflanzten, hielten sich Ziegen, die Friedel melkte, hielten sich Hühner, die sie bald wieder abschafften, weil sie die Beete zerscharrten.

Es gab Erfolge, gab Rückschläge. Die finanziellen Einkünfte waren minimal. Die Pausewangs ernährten sich vorwiegend von dem, was die Rosinkawiese hervorbrachte, und lebten anspruchslos. Jedes Hagelwetter zerschlug ihnen Hoffnungen, jede gute Ernte gab Anlaß zu neuen Hoffnungen. Und die langen und schneereichen böhmischen Winter in ihrer Rosinkawiesen-Einsamkeit überstanden sie nur, indem sie vom nächsten Sommer und ihren Plänen träumten.

Kinder stellten sich ein: erst drei Mädchen, dann ein Junge, nochmal ein Mädchen und zum Schluß wieder ein Junge.

Schon nach dem dritten Kind wurde deutlich, daß die Rosinkawiese eine so große Familie nicht ernähren konnte. Und so unterrichtete Siegfried während der Winter an einer Bauernschule, und Friedel nahm zahlende Sommergäste auf. So kamen sie notdürftig über die Runden. Es war ein materiell armes Leben, aber das störte sie nicht. Und ihre Kinder kannten es nicht anders.

Im Jahr 1938 erzwang Hitler die Angliederung des Sudetenlands an das Deutsche Reich. Auch in Wichstadtl flatterten die Hakenkreuzfahnen. Siegfried, betont deutsch wie so viele Angehörige deutscher Minderheiten, begeisterte sich für Hitler und dessen Programm. Schließlich hatten »Wandervogel« und Nationalsozialismus manches Gemeinsame, zum Beispiel die Idealisierung des Landlebens gegenüber der »Verdorbenheit« der Großstadt, die Forderung von »sexueller Reinheit«, den Kult der »Scholle«, die Pflege des Volkstums, des alten deutschen Liedguts und dergleichen mehr. Friedel verhielt sich dem Nationalsozialismus gegenüber etwas kritischer, sie urteilte weniger aus dem Gefühl heraus, sondern befragte ihren Verstand. Das führte zu hitzigen Diskussionen zwischen ihr und Siegfried. Schließlich gab sie seinem Drängen nach, auch in die Partei der Nationalsozialisten einzutreten.

Dann begann der Krieg. Siegfried, inzwischen Vater von fünf Kindern und vierzig Jahre alt, meldete sich freiwillig »zu den Waffen«. Friedel war empört! Aber er ließ sich nicht halten. Er war der Meinung, daß man für eine Idee, an die man glaubt, auch, wenn nötig, sein Leben einsetzen müsse. Sonst sei man nicht glaubhaft. Und so war er schon Soldat, als sein jüngstes Kind im Oktober 1940 zur Welt kam.

Nun, da das Sudetenland zu Deutschland gehörte, scheute Friedels Mutter nicht mehr die lange Reise und verbrachte mit Fritz, ihrem zweiten Mann, ein paar Sommerwochen auf der Rosinkawiese. Noch spürte man hier nicht viel vom Krieg, und die Großmutter konnte vor allem ihre beiden jüngsten Enkelkinder kennenlernen, die sie bisher nur auf Fotos gesehen hatte. Und Fritz Hache, zu alt für den Wehrdienst, genoß seinerseits in dieser Einsamkeit die Urlaubsruhe.

Friedel bekam Kriegsgefangene zugeteilt, die bei der Gartenarbeit halfen. Und ab Sommer 1941 hatte sie eine ukrainische Hausgehilfin, ein sehr tüchtiges, junges Mädchen, das, wie viele andere Polinnen und Ukrainerinnen auch, einfach vom Heurechen oder Rübenhacken weggeholt worden war, ohne Gelegenheit zu bekommen, sich von ihren Eltern zu verabschieden. Mit diesen Hilfskräften schaffte es Friedel, die Arbeit in Haus und Garten zu bewältigen.

Die Bäume und Sträucher wuchsen, trugen Obst, auf den Beeten gedieh schon Anspruchvolleres. Langsam begann sich die Rosinkawiese dem Bild anzugleichen, das sich das junge Paar damals beim Erwerb dieses sumpfigen Wiesenstücks in seiner Phantasie ausgemalt hatte: dem Bild eines Gartens Eden.

Ab und zu kam Friedels Schwester Hilde zu Besuch, blieb ein paar Wochen und half im Haushalt. Selbst kinderlos, liebte sie Friedels Kinder über alles. Peter, ihr Mann, war auch Soldat. Sie lebten in dem Städtchen Winsen an der Luhe, zwischen Harburg und Lüneburg.

Hilde war eine herzensgute, lebenslustige Frau, die gern an der Nähmaschine saß. Aus zwei alten Kinderkleidern zauberte sie ein neues, aus einer Männerhose zwei Bubenhosen. Und sie verstand es zu »organisieren«, also Sachen zu beschaffen, die es im freien Handel nicht mehr gab. Mit ihren blondierten Dauerwellen – Friedel trug ihr dunkles Haar geflochten und zu einem Dutt im Nacken zusammengesteckt – und ihren rotgeschminkten Lippen – Friedel schminkte sich grundsätzlich nicht – war sie schon rein äußerlich das Gegenteil ihrer Schwester. Und auch in ihren Ansichten waren die Schwestern grundverschieden. Aber sie mochten sich und konnten sich aufeinander verlassen.

Siegfried gehörte erst einer Brückenbaupionier-Einheit an. Nach einer schweren Verwundung wurde er als Kriegsverwaltungsrat mit der Planung und Verwaltung der Landwirtschaft eines riesigen südrussischen Distrikts beauftragt. Ein paar Wochen nach Stalingrad, in der Zeit hektischen Rückzugs, erhielt Friedel die Nachricht von seinem Tod.

Sie war nun Witwe. Aber so sehr sie um ihren Gefährten auch trauerte, so energisch ging sie die Aufgabe an, ihre sechs Kinder allein großzuziehen. In Engpässen und Notzeiten behielt sie die Nerven und mobilisierte alle ihre Kräfte. Fast aussichtslose Lagen verstand sie als Herausforderung.

Im Mai 1945 ging der Krieg zu Ende. Am 9. Mai, einem Tag nach dem Waffenstillstand, zogen die Russen in Wichstadtl ein. Die Tschechen nahmen das Sudetenland wieder in Besitz. In Wichstadtl – wie in vielen anderen sudetendeutschen Orten auch – fand ein Massaker statt. Auch Siegfrieds Name stand auf der Liste der

Tschechen. Statt ihm wurde ein anderer Wichstadtler erschlagen, der auch Pausewang hieß.

Als Friedel von diesem Massaker erfuhr, faßte sie den einzig richtigen Entschluß: Sie flüchtete mit ihren Kindern. So sehr sie die Rosinkawiese liebte, die ja ihr Lebenswerk war, und so wohl sie sich auch in Siegfrieds Heimat fühlte, so klar war ihr geworden, daß in einer neu entstehenden Tschechoslowakei die Kinder eines den Tschechen verhaßten Deutschen keine Chance haben würden.

Das Wohl ihrer Kinder hatte für sie höchste Priorität. Immer.

Immer in Richtung Winsen

Mit einem kleinen Handwagen, bepackt mit dem Nötigsten, machten sich die sieben Pausewangs auf den Weg. Die älteste Tochter war siebzehn, der jüngste Sohn viereinhalb Jahre alt. Ihr Ziel war Winsen an der Luhe.

Sieben Wochen lang zogen sie quer durch Deutschland: durch Niederschlesien, die Lausitz, Brandenburg, Mecklenburg – nicht ahnend, daß zehn Tage nach ihrem Exodus über die Hälfte der Wichstadtler innerhalb von ein paar Stunden aus ihrem Dorf in Richtung Deutschland fortgetrieben worden war. Diese Menschen, überwiegend Mütter mit Kindern und alte Leute, zogen auf fast derselben Route in Richtung Nordwesten, die auch Friedel gewählt hatte. Allerdings hatten diese verstörten Dörfler kein Ziel in Winsen oder anderswo. Sie zogen ins Ungewisse – in einer Zeit, in der Epidemien, Hunger und Elend herrschten und ein Menschenleben nicht viel wert war.

Friedel schaffte es, ihre sechs Kinder wohlbehalten, wenn auch abgemagert, müde und verschreckt, bis nach Grabow an die Demarkationslinie zwischen der russischen und der englischen Besatzungszone zu bringen.

Aber die Russen ließen sie nicht durch. Deprimiert kehrte Friedel mit den Kindern um. Andere Flüchtlinge wußten zu berichten, daß es auch an anderen Grenzübergängen so gut wie unmöglich sei, auf legale Weise in die englische Zone zu gelangen.

Was nun? Wenn das Ziel Winsen unerreichbar blieb, wo sollten sie unterkommen? Friedel erkannte, daß sie und ihre Kinder zuerst einmal eine vorläufige Bleibe finden mußten. Auf dieser planlosen Fahrt von Ort zu

Ort, von Bürgermeisterei zu Bürgermeisterei, machte sie die Erfahrung, daß sich keine Gemeinde eine Kriegswitwe mit sechs Kindern aufhalsen wollte. Sie erwog, wieder heimwärts zu wandern, Richtung Rosinkawiese. Aber ihre Älteste widersetzte sich. Friedel ließ sich von ihr überreden, wenigstens noch ein paar Tage weiterzusuchen.

Sie hatte Glück: In dem Städtchen Lübz wurde ihr in einer baufälligen Schule ein riesiges, schiefes Klassenzimmer angeboten. Sie griff sofort zu. Besser als nichts! Und so bekamen die Pausewangs auch endlich eine Aufenthaltsgenehmigung, ohne die man keine Essensmarken erhielt.

Sie richteten sich notdürftig ein. Aus einem ehemaligen französischen Kriegsgefangenenlager durften sie sich Bettgestelle holen. Die städtischen Behörden verschafften ihnen einen kleinen alten Küchenherd. Die Kinder gingen wieder zur Schule. Aber Friedel wollte sich mit diesem provisorischen Leben nicht abfinden.

Um eine Art Passierschein in der Hand zu haben, hatte sie sich zu Beginn des Fußmarsches in Schlesien von einer russischen Stadtkommandantur bestätigen lassen, daß sie und ihre Kinder Bombengeschädigte aus Hamburg seien und nun, nach Kriegsende, wieder dorthin zurückkehren wollten. Ohne nach Beweisen zu fragen, hatte man ihr die Bescheinigung ausgestellt.

Mit Hilfe dieses schon halb zerfledderten Papiers gelang es Friedel Ende Oktober 1945 doch noch, mit ihren Kindern nach Winsen zu kommen. Denn im Kreis Lübz wurden plötzlich alle Westdeutschen aus der englischen Zone, die während des Krieges nach Mecklenburg evakuiert worden waren, erfaßt und ohne große Umstände per Bahn in den Westen abgeschoben. Die Pausewangs waren dabei.

Es war eine chaotische Zeit. Täglich kamen in der englischen, französischen und amerikanischen Besatzungszone Züge voller ausgewiesener Deutscher aus Polen, Ungarn, der Tschechoslowakei an, täglich kehrten deutsche Kriegsgefangene heim, und unzählige Flüchtlinge versuchten verzweifelt, wieder Boden unter die Füße zu bekommen.

Es herrschte in ganz Deutschland – genauer gesagt: in den Provinzen, die von diesem Land noch übrig waren – eine Zweiklassengesellschaft: die Alteingesessenen, die ihren Besitz nicht verloren hatten, und die Neubürger, die Habenichtse.

Demokratie – eine Vokabel, der man damals im Rundfunk, in Zeitungen, in Gesprächen immer wieder begegnete. Aber im realen Leben herrschte noch keine Demokratie in den Zonen. Die kommunalen Funktionäre wurden von der jeweiligen Besatzungsmacht eingesetzt.

Drei Monate waren seit dem Abwurf der Atombomben auf Hiroshima und Nagasaki vergangen. Viele Innenbezirke von deutschen Großstädten, die bloß noch aus Trümmerbergen und Ruinen bestanden, waren erst notdürftig aufgeräumt worden. Und in der Berichterstattung vom Nürnberger Prozeß konnte man noch einmal vielen der ehemaligen Nazigrößen begegnen – auf der Anklagebank. Vor allem im Zusammenhang mit diesem Tribunal wurde nach und nach das ganze entsetzliche Ausmaß der Nazi-Verbrechen deutlich. Und mit ihm die Mitschuld jedes einzelnen erwachsenen Deutschen, der während der letzten zwölf Jahre dem Nazi-Regime nicht Widerstand geleistet hatte.

Hilde und Peter hatten bisher noch nicht erfahren, wo sich Friedel befand. Und Friedel wußte nicht, ob ihr Schwager, sofern er noch lebte, schon heimgekommen war. Es verkehrte ja noch kaum Post zwischen der russischen Zone und dem Westen. Friedel konnte auch nicht sicher sein, daß Hilde und Peter noch in ihrer alten Wohnung lebten. In den letzten Kriegswochen und den ersten Monaten des Friedens hatte sich ja so vieles geändert.

Aber sie wohnten noch dort, im ersten Stock der Kleinbahnstation, dem allerletzten Haus an der Landstraße nach Tönnhausen. Und so standen die Pausewangs am Abend des vierten Novembers – es war ein regnerischer Tag – vor Hildes und Peters Tür und schellten.

Qualvolle Enge

Hilde schrie auf, als sie die Tür öffnete, und fiel vor Friedel auf die Knie. Sie wußte sich vor Freude gar nicht zu lassen.

»Die Friedel!« schrie sie durch das Treppenhaus hinauf.

Peter war also schon daheim.

Auch er nahm die Pausewangs mit großer Selbstverständlichkeit und Hilfsbereitschaft auf. Aber die Wohnung der Wegmanns war viel zu klein für neun Personen: zwei Zimmer, Küche, Bad. Die Kinder schliefen auf Matratzen auf dem Fußboden. Das konnte kein Dauerzustand werden. Und auch hier im Westen erhielt man nur über den Nachweis einer Wohnung die Aufenthaltsgenehmigung und damit auch die Voraussetzung zum Überleben: die Lebensmittelkarten.

Winsen war mit Flüchtlingen überfüllt. Aber Hilde hatte viele Freunde und Bekannte in der Stadt. Eine Freundin, die ein altes Fachwerkhaus – eine stillgelegte Bäckerei – in der Innenstadt besaß, bot Friedel eine bescheidene Unterkunft an: eine Dachkammer, zwölf Quadratmeter groß, mit einem einzigen kleinen Gaubenfenster, das den Raum nie ganz erhellte, und schrägen Wänden. Zwischen zwei alten Betten blieb gerade Platz für einen Tisch, wenn man die Betten als Sitzgelegenheiten benutzte. Neben der Tür stand ein eiserner Waschtisch mit Schüssel und Kanne. Das Wasser wurde aus dem Erdgeschoß heraufgetragen. Auf der anderen Seite der Tür gab es einen kleinen Kanonenofen zum Kochen und Heizen. Ein einziger Topf hatte darauf Platz.

Dazu gehörte noch eine Kammer, die einen Stock tiefer lag. Sie besaß etwa die gleiche Größe, konnte aber nicht beheizt werden und wurde nie hell, denn die Wand des Nachbarhauses war nur einen knappen Meter vom Fenster entfernt. Dieser Raum enthielt zwei Betten, einen Kleiderschrank und eine Kommode.

Und als Toilette diente ein uraltes Plumpsklo auf dem Hof der Bäckerei, das auch von vielen Passanten benutzt wurde.

Friedel nahm dieses Angebot gern an, denn es ging erst einmal darum, eine Bleibe zu haben. Sie würde mit dem Jüngsten zusammen in einem Bett schlafen, die beiden Nächstälteren bekämen das andere Bett, und die drei ältesten Mädchen müßten sich eben die beiden nebeneinanderstehenden Betten in der unteren Kammer teilen.

Und nun galt es, über den ersten schweren Nachkriegswinter zu kommen. Das war für die Pausewangs eine neue Erfahrung. Denn daheim auf der Rosinkawiese war es zwar sehr einfach zugegangen, aber es hatte ihnen nie an den Grundnahrungsmitteln gemangelt. Vor allem mit Milch, Kartoffeln und Gemüse waren sie durch ihre Ziegen und den Garten immer gut versorgt gewesen. Und auch Kohle und Holz zum Heizen waren nie knapp geworden. Sie hatten genug warme Kleidung besessen, und vor allem hatten die Kinder Platz zum Leben und auch alle anderen Voraussetzungen für eine glückliche Kindheit gehabt.

Jetzt aber wohnten sie zusammengepfercht auf einer Grundfläche, die nicht einmal der ihrer früheren Wohnküche entsprach. Sie besaßen so gut wie keine warme Kleidung, denn sie waren im späten Frühling von daheim geflüchtet und hatten nur eine Garnitur Unterwäsche zum Wechseln pro Person mitnehmen können. Ihre Schuhe waren durch den langen Fußmarsch so abgenutzt, daß sie nicht mehr gegen Schnee und Nässe schützten, und die jüngeren Kinder waren aus ihren Schuhen herausgewachsen.

Und womit sollten sie den Kanonenofen beheizen? Ein einziges Mal wurden jeder Familie je zwei Zentner Briketts zugeteilt, und man hatte nur Aussicht, sie zu bekommen, wenn man sich schon nachts zum Empfang anstellte. Denn die Brikettmenge, die verteilt werden sollte, reichte nicht für alle.

Womit sollten sich die Mädchen in der nicht heizbaren Kammer zudecken? Friedel hatte ja für jedes Kind nur eine Wolldecke mitnehmen können. Womit ließen sich die kargen Lebensmittelzuteilungen anreichern?

Vor allem die Nahrungsbeschaffung bereitete Friedel Kopfzerbrechen. Wer nur auf das angewiesen war, was es auf die Karten gab, wurde nicht satt. Auch bei den Pausewang-Kindern zeigten sich Folgen der Unterernährung: Die drei Großen litten an Furunkulose, und jede kleinste Wunde entzündete sich sofort und eiterte. Bei den drei Kleinen war die Widerstandskraft gegen Erkältungen und Verdauungsbeschwerden geschwächt. Immer wieder erkrankten sie an Grippe, Bronchitis, Halsentzündungen und Durchfällen. Oft fieberten sie wochenlang.

Und wenn sie auch fieberfrei waren, litten sie doch an dem bedrückenden Mangel an Bewegungsfreiheit und, ebenso wie die drei Großen, an all den noch unbewältigten Eindrücken, die sie während der Flucht empfangen hatten. Gefühle der Angst, der Ohnmacht, des Ungeborgenseins quälten sie. Die Folge war, daß sie bei den lächerlichsten Anlässen in Tränen ausbrachen und nachts oft aus dem Schlaf schreckten.

Auch Friedel war manchmal sehr niedergeschlagen:

wenn die Kinder krank waren; wenn sie bei großer Kälte in einem ungeheizten Nebengebäude die Wäsche auf dem Waschbrett rubbelte und ihr dabei die Fingerkuppen aufsprangen und bluteten; wenn das Feuer im Kanonenofen nicht brennen wollte. Dann konnte sie aggressiv werden und ihre Kinder ausschimpfen, auch wenn die an der Misere keine Schuld hatten.

In jenen ersten Nachkriegsjahren kam Friedel, wie so viele andere Deutsche, gar nicht auf den Gedanken, sich an den Verbrechen des Hitler-Regimes mitschuldig zu fühlen. Sie sah sich als Opfer, nicht als Mittäter. Andererseits wäre sie verblüfft gewesen, hätte man von ihr verlangt, den 8. Mai 1945 als Tag der Befreiung zu sehen. Noch warf sie Hitler lediglich vor, sich übernommen zu haben, maßlos gewesen zu sein.

Fisch gegen Kartoffeln

Friedel merkte, daß sie, wenn sie ihre Verzweiflung zeigte, ihre Kinder verunsicherte und in Schrecken versetzte. In ihr sahen sie doch den Fixpunkt ihres seit ein paar Monaten so turbulenten Lebens, auf sie gründeten sie ihr ganzes Vertrauen! Verriet sie Unsicherheit, verschaffte sie den Kindern damit tiefsitzende Ängste.

Also erlaubte sie sich nur manchmal ein paar Tränen aufs Kopfkissen, nachts, wenn die Kinder schliefen, und bewahrte tagsüber die Fassade der Gelassenheit, des Darüberstehens. Es galt, das Beste aus jedem einzelnen Tag zu machen. Es kam vorerst nur darauf an zu überleben.

So oft das Wetter es erlaubte, fuhr sie mit dem kleinen Handwagen ihrer Schwester in die umliegenden Kiefernwälder und sammelte Brennholz, zusammen mit den Kindern. Da aber täglich ganze Scharen von Holzsuchern, in der gleichen Lage wie die Pausewangs, in die Wälder zogen, war der Waldboden wie leergeleckt, und auch das Unterholz wurde immer schütterer. Die Kühnen unter den Sammlern wagten sich an die untersten Äste der Bäume, die ganz Kühnen fällten nachts schon mal junge Kiefern und Birken. Solche Illegalitäten wagte Friedel nicht. Denn die Förster durchstreiften oft die Wälder, und wen sie erwischten, der wurde bestraft. Abgesehen davon stand ihr nur eine kleine Handsäge zur Verfügung, die Hilde ihr geborgt hatte. Damit ließen sich höchstens Äste durchsägen, die man mit zwei Händen umspannen konnte.

Nach stürmischen Nächten galt es, so schnell wie möglich in den Wald zu kommen. Dann war dort, wenn man Glück hatte, allerlei auf dem Boden gelandet, was man zusammenklauben konnte. Manchmal kamen die Pausewangs aber auch nur mit Reisig und Zapfen heim. Und alles Holz war naß und wollte nicht brennen! Wie glücklich war Friedel, als ihr die Hausbesitzerin allerlei Holzgerümpel und einen Stoß alter, teilweise morscher Bretter gab. Trockenes Holz – unschätzbar! Damit schaffte sie es, auch nasses Holz zum Brennen zu bringen.

Hilde gab Friedel an Bettdecken und Bettwäsche ab, was sie nur entbehren konnte. So gut sie konnte, half sie den Pausewangs, einigermaßen glimpflich diesen besonders harten und kalten Winter 45/46 hinter sich zu bringen. Hilde bat ihre zahlreichen Bekannten um abgelegte Kinderkleidung und bekam sie. Was nicht paßte, änderte Friedel um. Mal brachte Hilde eine Tasche voll Grünkohl, mal eine Blutwurst oder ein Stück Speck aus einer Schwarzschlachtung bei irgendwelchen ländlichen Bekannten, mal ein paar Salzheringe vorbei. Und da sie in einer Drogerie arbeitete, versorgte sie Friedels Familie auch mit den wenigen Drogerieartikeln, die damals auf den Markt kamen. Was sie unter der Theke – natürlich bezahlt! – abzweigte, konnte Friedel in der Tauschzentrale gegen andere Artikel eintauschen.

Diese Tauschzentrale war in jener Notzeit, als das Geld nichts wert und für Geld nichts zu haben war, eine segensreiche Einrichtung. Wer noch etwas besaß, das anderen nützlich sein konnte – zum Beispiel ein noch guterhaltenes Bügeleisen, eine Puppe, ein Paar Schlittschuhe –, gab dies in der Tauschzentrale ab, sofern er sich davon trennen konnte. Der Marktwert wurde geschätzt, und mit einer Art von Wertmarken, die nur in dieser Tauschzentrale Gültigkeit hatten, wurde gezahlt. Mit den Wertmarken konnte man sich aus dem Angebot der Tauschzentrale aussuchen, was man selber brauchen konnte. Vor den Tauschzentralen-Schaufenstern drängten sich fast immer Neugierige. Vor allem Kinder.

Sonntags wanderten die Pausewangs meistens in die umliegenden Dörfer hinaus, um von Hof zu Hof nachzufragen, ob jemand Fisch gegen Kartoffeln eintauschen wollte. Die Fischzuteilungen fielen in Norddeutschland verhältnismäßig reichlich aus. Davon ließ sich ein Teil für Tauschgeschäfte abzweigen. Landwirte dagegen bekamen so gut wie keinen Fisch. Ein Pfund Fisch gegen zehn Pfund Kartoffeln – so etwa stand der Fischkurs.

Ab und zu begegneten die Pausewangs auch einer Bäuerin, die den Kindern ein Butterbrot oder einen Apfel schenkte, ohne eine Gegenleistung zu erwarten.

Friedel schickte ihre beiden Jüngsten in den Kindergarten. Dort hatten sie Platz zum Tollen und eine Auswahl an Spielsachen. Auch nachmittags hielten sie sich dort auf. Sie waren in diesem Winter fünf und sechseinhalb Jahre alt. Die Kindergartenleiterin, mit der sich Friedel gut verstand, war hinsichtlich der Notlage vieler Familien großzügig: Auch Kinder im Grundschulalter durften sich nachmittags in den großen, warmen Räumen des Kindergartens aufhalten. Dieses Angebot nutzte oft auch Friedels älterer Sohn, neun Jahre alt.

So konnten die zweite Tochter, dreizehneinhalb Jahre alt, und die zwölfjährige dritte Tochter nachmittags ungestört in der Dachkammer ihre Hausaufgaben erledigen. Die Älteste, nun knapp achtzehn, für die es in Winsen kein Gymnasium gab, das ihrem bisherigen Fächerschwerpunkt entsprach, saß unter dem kleinen, vereisten Fenster und zeichnete unentwegt Glückwunschpostkarten, um damit dies und das eintauschen zu können. Die Pappbogen, aus denen sie die Karten zurechtschnitt, lieferte Hilde.

Erst gegen Abend drängte sich die ganze Familie wieder in das winzige Zimmer, wo jeder sich möglichst wenig bewegen durfte und möglichst leise sein mußte.

Lichtblicke

Es gab aber auch in diesem Winter ab und zu Lichtblicke: wenn von Verwandten und guten Freunden die Nachricht kam, daß sie den Wirren des Krieges entkommen waren; wenn Menschen bei Friedel auftauchten, die sie verschollen oder tot geglaubt hatte; wenn sich freundschaftliche Kontakte mit anderen Hausbewohnern anbahnten; wenn ein aus dem Lager entlassener deutscher Kriegsgefangener den Pausewangs eine Wolldecke schenkte; wenn Friedel und die Kinder irgendwo Musik hörten – und wenn's nur Karussellmusik war. Und die Post funktionierte wieder – auch in die Ostzone.

Besonders freute es Friedel, daß ihre Mutter und ihr Stiefvater das Kriegsende überlebt hatten. Bis Ende 1941 hatten sie in Wiesbaden gewohnt, dann waren sie nach Metz gezogen, wo »Onkel Hache« – so nannten ihn Friedels Kinder – in seinem Beruf für die Wehrmacht tätig gewesen war. Im Frühjahr 1942 hatte Friedel bei ihnen einen Woche lang gewohnt, als sie zusammen mit ihrer jüngsten Tochter Siegfried besucht hatte, der sich damals, nach einer schweren Verwundung, in einer Genesungskompanie in Metz aufhielt.

Auch dieses ältere Ehepaar hatte von einem Tag auf den anderen seine Wohnung verlassen und flüchten müssen, und Friedel hatte vor Beginn ihrer eigenen Flucht nichts mehr über dessen Schicksal und neuen Aufenthaltsort erfahren. Erst bei der Ankunft in Winsen konnte Hilde berichten, daß Mutter und Stiefvater im Haus einer Bekannten in Wiesbaden untergekommen seien, inzwischen aber schon wieder eine eigene

Wohnung hätten. Er, Hache – so nannten ihn die Schwestern unter sich – sei bereits wieder beruflich zugange: als Stadtbaurat bei der Stadt Wiesbaden.

Diesen Posten hatte er nicht nur seinen Qualifikationen und Erfahrungen als Architekt zu verdanken, sondern auch – und vor allem – der Tatsache, daß er nie in die nationalsozialistische Partei eingetreten war.

Das Weihnachtsfest 1945, das erste, das die Pausewangs nicht zu Hause auf der Rosinkawiese feierten, war überschattet von Traurigkeit. Und doch überwog das gute Gefühl: Endlich wieder Frieden! Endlich Schluß mit der Ungewißheit, dem Bedrohlichen, der Angst!

In der engen Kammer konnte Friedel nur ein winziges Bäumchen aufstellen. Hilde hatte Plätzchen für beide Familien gebacken, und Friedel hatte mit ihr zusammen ein paar anspruchslose Geschenke für die Kinder gebastelt. Damals konnte man ja mit *allem* Freude machen. Im übrigen hatte Hilde während der Vorweihnachtszeit eifrig genäht und gestrickt, und auch Peter hatte seine Beziehungen spielen lassen. Und so bekamen die Pausewangs doch einen reichen Gabentisch. Sie beschenkten sich natürlich auch gegenseitig. Und sie bemühten sich, Hilde und Peter mit kleinen Geschenken – selbstgehäkelten Topflappen, selbstgemalten Postkarten, einem selbstgebastelten Kalender und dergleichen – für ihre Hilfe zu danken.

Und dann kam noch ein Paket aus Berlin: Zwei Frauen, Mutter und Tochter, hatten es abgeschickt. Sie waren – zusammen mit den beiden Kleinkindern der Tochter – zwei Wochen lang mit den Pausewangs über die Landstraßen gezogen und hatten das tägliche Auf und Ab von Angst und Hoffnung, das ständige Suchen nach Nahrung und einem sicheren Nachtplatz gemeinsam mit ihnen erlebt.

Das Paket enthielt fünf Briketts. Eins davon wanderte gleich in den Kanonenofen und erhitzte die Kammer so, daß die Gletscher vor dem Gaubenfenster zu tauen begannen.

Einen Luxus leisteten sich die Pausewangs am ersten Feiertag: Sie besuchten ein Weihnachtskonzert in der Kirche. Die war überfüllt. Einträchtig lauschten alteingesessene Winsener und durch den Krieg hierher verschlagene Neubürger den Darbietungen von Streichorchester, Chor und Organisten: Friedensmusik.

Die drei jüngsten Pausewangs erlebten auch im Kindergarten ein Weihnachtsfest mit, ein bescheidenes. Aber es gab was zu knabbern und das war ihnen damals allemal am wichtigsten.

Wie ein Paukenschlag wirkte die Nachricht, daß sie zu den beneideten Kindern gehörten, die – sorgfältig ausgewählte Härtefälle – von der englischen Besatzung der Stadt Winsen zu einer Weihnachtsbescherung eingeladen worden waren. Sie wurden üppig bewirtet, bekamen ein buntes Programm geboten, darunter auch den Auftritt des Weihnachtsmannes, und kehrten – für die damaligen Zeiten reich beschenkt mit Spielsachen, Kleidungsstücken und Süßigkeiten – noch ganz benommen von all dem Glanz nach zwei Stunden in das Kämmerchen heim. Der Jüngste übergab sich. Noch Tage danach fiel ihnen immer wieder etwas ein, was sie zu erzählen vergessen hatten.

Friedel war beeindruckt von dieser versöhnlichen Geste der Besatzer, und sie fragte sich, ob auch von deutscher Seite während des Krieges Weihnachtsfeiern für die Kinder gefallener Feinde veranstaltet worden waren. Weihnachtsbescherungen für russische Kriegswaisen, ausgerichtet von der deutschen Wehrmacht? Ihr war nichts dergleichen bekannt.

Himmelblaue Wiesbadener Zukunft

Friedels Mutter hatte sich in Wiesbadens höheren Schulen erkundigt und berichtete, daß es dort ein Mädchengymnasium gab, das in seinen Fächerschwerpunkten für Friedels Älteste in Frage komme. Und sie bot an – in Absprache mit ihrem Mann –, ihre Enkelin, der nur noch eineinhalb Jahre bis zum Abitur fehlten, für diese Zeit bei sich aufzunehmen.

Aber bevor die nun Achtzehnjährige erwartungsvoll nach Wiesbaden abreiste, hütete sie noch eine Woche lang ihre Geschwister – autoritär, nach dem Vorbild ihrer Mutter. Friedel fuhr währenddessen in den Westerwald, um dort, bei den Verwandten ihres Vaters, bei denen sie oft als Kind ihre Sommerferien verbracht hatte, nach einer Existenzmöglichkeit auszuschauen.

Vergeblich. Den Westerwäldern, die zur französischen Zone gehörten, ging es auch nicht gut. Ohne neue Hoffnung kehrte Friedel nach Winsen zurück, und ihre Älteste fuhr – inzwischen war es Mai geworden – nach Wiesbaden.

Die Wohnung, in der die Haches in diesem Frühjahr hausten, befand sich in einem abenteuerlichen Zustand. Drei Zimmer, Küche, Bad, Balkon. Heßstraße, Kurviertel – eine gute Adresse. Aber diese Villa aus der Gründerzeit lag mitten in der Gegend, die ein Jahr zuvor zerbombt worden war. In der Außenwand des Wohnzimmers gähnte ein Loch, das von der Decke bis fast auf den Fußboden reichte und etwa zwei Meter breit war. Von der Straße aus konnte man oben die Haches am Tisch sitzen sehen. Während des Winters hatte man irgend etwas, wahrscheinlich eine alte Zeltplane, vor das Loch gehängt. Die war aber nun, zerschlissen, entfernt worden, und Onkel Hache war der Meinung, nun, da es auf den Sommer zugehen, könne das Loch ruhig offen bleiben. Zum Glück lag es auf der Ostseite, von der es selten regnete. Und so lernte auch die Primanerin, mit dem Loch zu leben, durch das manchmal eine Bö pfiff oder ein Schmetterling hereinschwebte.

Nichts Besonders. So viele Leute lebten ja damals in Ruinen.

Fritz Hache, der Architekt, hatte guten Grund, dem Zustand dieser Übergangswohnung nicht allzuviel Aufmerksamkeit zu widmen. Denn inzwischen hatte sich ihm die Chance geboten, am Ostrand des Wiesbadener Vororts Bierstadt ein Grundstück zu erwerben und mit dem Bau eines kleinen Einfamilienhauses zu beginnen.

In dieses Haus wollte er auch die Pausewangs aufnehmen. Natürlich war allen Beteiligten klar, daß es sich dabei auch wieder nur um eine Übergangslösung handelte. Aber auf jeden Fall bedeutete ein Umzug der Pausewangs nach Wiesbaden eine deutliche Verbesserung ihrer Lebensverhältnisse.

Noch war es nicht soweit. Friedel mußte mit den Kindern in Winsen bleiben, bis das Häuschen in Wiesbaden-Bierstadt fertig war und Fritz Hache eine Zuzugsgenehmigung für die Pausewangs erhalten hatte. Das konnte noch eine Weile dauern.

Die drei Jüngsten bekamen die Windpocken. Und ständig hatten sie unter den vielen Eiterungen und Entzündungen zu leiden, Folge der mangelhaften Ernährung. Der zweitältesten Tochter wurde unter Narkose ein vereiterter Finger aufgeschnitten.

Von der Ältesten in Wiesbaden erhielt Friedel beruhigende Nachrichten: Sie kam in der Schule gut mit, war in einer angenehm kleinen Klasse mit nur zwölf

Schülerinnen, hatte eine sehr nette Klassenlehrerin und fühlte sich bei Haches wohl.

Während des Sommers sammelte Friedel mit den Kindern Fallobst und Ähren. Es ging um jede Kalorie. Die Ähren klopften sie aus und mahlten sie in Hildes Kaffeemühle zu Schrot. Viele Familien – vor allem solche, die weder einen Garten noch bäuerliche Verwandte besaßen – reicherten damals die kargen Lebensmittelzuteilungen auf diese Weise etwas an.

In der Nähe der alten Bäckerei wurde ein kleines Karussell aufgebaut. Ab Pfingsten lief es und dudelte immer denselben Schlager bis spät in die Nacht. Oft standen Friedels jüngste Kinder sehnsüchtig vor den Schwänen und Elefanten und wären gern mitgefahren. Aber Friedels vorläufige Kriegshinterbliebenenrente war überaus bescheiden, sie mußte an allen Ecken und Enden sparen. Das machte sie ihren Kindern begreiflich, und die sahen das auch ein. Sie sahen *alles* ein, was die Mutter sagte. Ihre Autorität zweifelte keines von ihnen an.

Trotz aller Sparerei leisteten sich die Pausewangs in diesem Sommer 1946 ein ganz exklusives Vergnügen: Sie fuhren mit dem Zug in die nahe Stadt Hamburg und besuchten dort den Tierpark Hagenbeck. Außer der Ältesten hatte noch keines der Kinder jemals einen Zoo gesehen. Großes Gelächter: Ein Affe erwischte den Zopf der Jüngsten, als sie zu nahe am Gitter stand.

Die Innenstadt machte einen trostlosen Eindruck: Ruine neben Ruine, ganze Straßenzüge lang. Auf den Straßen noch Berge von Schutt. Mitten darin klopften Frauen Mörtel von Ziegelsteinen.

Noch vor Ende des Jahres '46 zogen die Haches mit ihrer Enkelin in das notdürftig fertiggestellte Erdgeschoß des neuen Hauses ein. Es war wirklich nur ein Häuschen, hatte aber, da es an einem Steilhang lag, drei Stockwerke. Von der Straße aus betrat man den ersten Stock, der Haches Wohnung enthielt: Küche, Bad, Schlafzimmer und ein Wohnzimmer, in dem Fritz Hache auch an seinem Zeichenbrett arbeitete.

Im Dachgeschoß waren zwei Räume mit abgeschrägten Wänden. Das Erdgeschoß, das auf der Rückseite des Hauses einen separaten Eingang hatte, bestand aus einer großen Wohnküche und einer gleich daran anschließenden Waschküche mit einer Tür ins Freie.

So schnell Friedels Stiefvater das nötige Baumaterial – das es damals noch nicht frei zu kaufen gab, sondern beantragt und genehmigt werden mußte – beschaffen konnte, baute er Unter- und Dachgeschoß aus. Denn diese beiden Stockwerke sollten die Pausewangs bewohnen. Sobald sie fertig sein würden, sollte Friedel mit ihren Kindern nach Wiesbaden ziehen. Eine Zuzugsgenehmigung erteilte die Stadtverwaltung nur, wenn eine fertige Wohnung nachgewiesen werden konnte.

Die Bauerei zögerte sich hinaus. Immer wieder gab es Schwierigkeiten bei der Beschaffung des Baumaterials. Und so ließ sich nicht vermeiden, daß die Pausewangs noch einen zweiten Winter in Winsen zubringen mußten. Er war auch wieder außergewöhnlich kalt, aber da sie diesmal den ganzen Sommer lang Zeit gehabt hatten, Vorräte für die kalte Jahreszeit zu sammeln, war er erträglicher als der vergangene.

Ihre Schulferien verbrachte Friedels Älteste immer in Winsen. Die Züge waren überfüllt. Oft hingen während der Fahrt ganze Trauben von Menschen außen an den Waggons, saßen auf den Dächern. Auch der Primanerin gelang es manchmal nicht, in das Innere eines Waggons zu gelangen. Dann fuhr sie eben außen mit, auf dem Trittbrett, den Koffer zwischen die Knie gepreßt. Stundenlang. Nichts Besonderes. Man war es nicht anders gewöhnt. Man war ja froh, wenn man überhaupt mitkam.

Friedels Älteste konnte in Winsen berichten, daß Onkel Hache schon dabei war, Möbel zu beschaffen. In die beiden Schlafräume im Dachgeschoß ließ er Schränke einbauen. Sie erzählte, daß sie bereits in einem der Dachräume schlief. Der hatte noch keine Fenster. Abends nahm sie eine Wärmflasche mit hinauf, morgens wurde ihr Atem zu einem weißen Hauch. Aber tagsüber hielt sie sich ja in der Hacheschen Wohnung auf, die schön warm war. Und unten in der Wohnküche stand schon ein großer Tisch, zusammengeleimt aus vielen Abfall-Latten. Diesen Tisch hatte Onkel Hache bei einem Bierstadter Schreiner in Auftrag gegeben. Besseres Holz hätte er erst beantragen müssen – ein langwieriges Verfahren. Fürs erste tat's auch dieses Möbel.

Die Großmutter, so erfuhr Friedel, habe irgendwo bei ihren Bekannten alte Vorhänge aufgetrieben, aus denen sie jetzt neue nähe. Mit einer uralten Nähmaschine, die sie auch irgendwoher besorgt hatte, vielleicht eingetauscht gegen einen Bauplan ihres Mannes. Neue Vorhänge für die zwei Zimmer unter dem Dach und die Wohnküche unten.

Und rund um das Haus sei es ganz grün. Lauter Gärten und Obstwiesen.

Die Kinder konnten den Umzug kaum erwarten.

Jeder hatte wieder ein eigenes Bett

Friedels Älteste sah der Ankunft von Mutter und Geschwistern mit etwas gemischten Gefühlen entgegen. Einerseits freute sie sich natürlich sehr darauf, wieder mit ihnen vereint zu sein, denn die Bindung zu ihnen war während der vergangenen Monate eher noch stärker geworden. Andererseits hatte sie in Wiesbaden Geschmack an der ihr so ungewohnten Freiheit bekommen: Sie war oft ins Theater gegangen, wenn sie sich auch nur die allerbilligsten Plätze hatte leisten können; sie hatte Freundinnen besucht, hatte sich die umliegenden Städte angeschaut, hatte ihre Zeit nach Lust und Laune eingeteilt. Sie wußte: Im Kreis ihrer Familie würde sie wieder nur ein Mitglied des Teams sein, dessen Programm die Mutter bestimmte.

Aber sie sah ja ein, daß die Pausewangs in dieser Lage aufeinander angewiesen waren, auf ihre Arbeitskraft, ihre Zeiteinteilung, ihre gegenseitige Hilfe. Sie fügte sich.

Im April 1947 war es dann soweit. Erlöst verließen die Pausewangs ihre beiden dunklen und engen Kammern mit ein paar Koffern und Kartons, nahmen Abschied von Hilde und Peter und fuhren erwartungsvoll südwärts. In Hannover, Kassel, Frankfurt durchquerten sie Ruinen.

Ein Umzug ohne Möbel. Aber damals war eine solche Armut nichts Besonderes. Millionen hatten während des Krieges durch Bomben und Kämpfe und nach dem Krieg durch Massenausweisungen ihren Besitz verloren. Und der Mangel an Materiellem hatte Friedel noch nie veranlaßt, in Mutlosigkeit zu geraten. Ihr war wichtiger, daß alle ihre Kinder Krieg und Flucht überlebt hatten. Und nun ging es wieder bergauf und auf den Sommer zu.

Das Häuschen stand am Hang eines ehemaligen Steinbruchs, abseits vom Ort. Die Straße zum Nachbarort Kloppenheim führte daran vorbei. Sie hieß Waldstraße, obwohl sich in ihrer Nähe nirgends Wald befand. Aber kilometerweit reihten sich Gärten, Obstgrundstücke und Felder aneinander, eine grüne, gesunde Umgebung für die Kinder. Was für ein Gegensatz zu dem dunklen, engen Innenhof in der Altstadt von Winsen!

Auch die Wohnung war im Vergleich zu den beiden Winsener Kämmerchen geradezu luxuriös, denn sie war hell und geräumig. Im einen Dachzimmer schliefen die drei ältesten Mädchen, im anderen Friedel mit den drei Jüngsten. Jeder hatte wieder ein eigenes Bett, und in den Einbauschränken war genug Platz für das wenige, was die Familie inzwischen wieder besaß.

Tagsüber hielt man sich in der Wohnküche im Souterrain auf. Durch ihr großes Fenster zur Gartenseite – die gegenüberliegende Hausseite lag bis zum ersten Stock im Hang – kam viel Licht herein. Der Raum war ausgestattet mit Spülstein, Kochherd, Küchenschrank, einer einfachen Eckbank, drei Stühlen, die irgend jemand aus Haches Bekanntenkreis gespendet hatte, und diesem aus Latten geschreinerten Tisch, der so groß war, daß alle sieben daran Platz fanden.

Neben der Wohnküche lag die Waschküche mit Zementfußboden. Sie diente nicht nur zum Wäschewaschen, sondern auch als Badezimmer. Denn da stand eine große Zinkwanne, die mit heißem Wasser aus dem Waschkessel gefüllt wurde. Was für ein Fortschritt! In Winsen hatten die Pausewangs nur jede Woche einmal bei Hilde baden können.

Aus der Waschküche führte eine Tür in den Garten hinaus. Ein paar Schritte vom Haus entfernt stand ein Holzschuppen, der ein Plumpsklo enthielt und auch zum Trocknen der Wäsche gedacht war. Ein schmaler Weg lief um das Haus herum, hinauf auf die Straße.

Friedel fand kaum Zeit, nach der langen Warterei auf die Zuzugsgenehmigung, nach dem Auflösen des Winsener »Haushalts« und der strapaziösen Reise im überfüllten Zug endlich aufzuatmen, als sie, eine Woche nach ihrer Ankunft, plötzlich krank wurde: Sie bekam Fieber, ihr Leib schwoll an und schmerzte stark. Das war eine ganz neue Erfahrung für sie, denn sie war in ihrem Leben so gut wie nie krank gewesen, nicht einmal während der Flucht und der Notzeit in Winsen.

Der Arzt stellte eine Gallenblasenentzündung fest, die sich bei ihr besonders unangenehm auswirkte, weil sie so mager war.

Friedel geriet in Panik. Da sie nicht gewohnt war, krank zu sein, befürchtete sie gleich das Schlimmste: Was würde mit ihren Kindern geschehen, wenn sie außer dem Vater auch noch die Mutter verlören? Ihre Älteste war jetzt neunzehn Jahre alt. Zu jung, um ihre Geschwister zu versorgen und die Verantwortung für sie zu übernehmen.

Aber sie hatte sich schnell wieder im Griff. Dem Arzt gelang es, sie ohne Operation auszukurieren. Ihre »Steh-auf-Männchen-Natur« brachte sie körperlich wie seelisch bald wieder auf die Beine. Das war auch dringend nötig, denn es gab eine Menge zu tun.

Zwar hatten sich die Pausewangs schon gleich am zweiten Tag nach der Ankunft im städtischen Einwohnermeldeamt registrieren lassen, um Lebensmittelkarten zu erhalten. Aber die Kinder mußten in den jeweiligen Schulen angemeldet werden. Die beiden Ältesten besuchten von nun an zusammen das Mädchenlyzeum am Boseplatz, die dritte kam in die Realschule. Straßenbahn-Monatskarten konnten sie sich nicht leisten. So mußten alle drei Mädchen ihre Schulen zu Fuß erreichen. Die lagen im Zentrum von Wiesbaden. Vom Ortsrand Bierstadt waren es fast drei Kilometer. Die Mädchen hatten täglich reichliche fünfeinhalb Kilometer Fußmarsch zurückzulegen. Aber das Zu-Fuß-Laufen waren sie gewohnt. Und ihrer Gesundheit schadete es nicht. Im Gegenteil.

Die drei Jüngsten besuchten die Grundschule in Bierstadt. Sie hatten es näher: nur einen knappen Kilometer von daheim bis zu ihrer Schule. Die einzelnen Klassen waren überfüllt. Sechzig Schüler in einem Klassenverband waren durchaus normal. Es fehlte an Lehrern, an Schulgebäuden, an Geld.

Ein aufeinander eingespieltes Team

Inzwischen hatte sich der Völkerbund aufgelöst. Dessen Funktionen waren an die UNO übergegangen. Indien feierte seine Unabhängigkeit, Nehru wurde erster indischer Ministerpräsident. Der chinesische Bürgerkrieg brach aus. Die UN beschloß die Teilung Palästinas in einen jüdischen und einen arabischen Bereich. Und Japan erhielt eine neue Verfassung.

Aber wen interessierte das schon in Deutschland? Hier mußte jeder seine ganze Kraft darauf konzentrieren, über den Tag zu kommen. Daß die amerikanische und britische Besatzungszone zur sogenannten »Bizone« zusammengefaßt wurde, war natürlich eine wichtige Nachricht. Ebenso der Beschluß der Moskauer Außenministerkonferenz, bis Ende 1948 alle Kriegsgefangenen zu entlassen. Mit Bangen verfolgte man die politischen Bemühungen, die verschiedenen Besatzungszonen zu einer deutschen Einheit zusammenzufügen. Aber schon zeichnete sich eine Teilung Deutschlands ab. Das war vor allem bitter für die, die nahe Verwandte in der sowjetisch besetzten Zone hatten.

Aber der Marshallplan, diese finanzielle Europahilfe der USA, weckte Hoffnungen, löste rege Aktivitäten bei denen aus, die wieder Betriebe gründen, die zerstörte deutsche Wirtschaft aufbauen, noch intakte Fabriken und Werkstätten wieder ankurbeln wollten.

Friedel, die Saarländerin, nahm mit bitteren Gefühlen zur Kenntnis, daß das Saargebiet wirtschaftlich und zollpolitisch an Frankreich angeschlossen wurde. Aber diese Nachricht traf sie nicht unerwartet. Nach allem, was zwischen 1933 und 1945 geschehen war, hatte sie mit dieser Reaktion Frankreichs gerechnet.

Und was spielte schließlich die Nationalität für eine Rolle, wenn es nur darum ging, satt zu werden?

Alle sechs Kinder genossen die tägliche Schulspeisung in der großen Pause. Sie war eine wichtige Ergänzung der unzureichenden Lebensmittelzuteilungen. Sogar während der Schulferien wurde der Haferflocken-Milchbrei aus großen Bottichen an die Schüler ausgeteilt, und Friedels Kinder fehlten dabei so gut wie nie.

Wer in diesen ersten Nachkriegsjahren nur auf die Lebensmittelrationen angewiesen war, die die Besatzungsmacht zuteilte, hatte Mühe, nicht zu verhungern. Deshalb konzentrierte Friedel erst einmal alle ihre Fähigkeiten – wie schon zuvor in Lübz und Winsen – auf die Beschaffung zusätzlicher Nahrung. Denn es galt, den nächsten Winter unbeschadet zu überstehen.

Das Sich-Sorgen um Vorräte für den nächsten Winter war den Pausewangs nichts Neues. Auch daheim auf der Rosinkawiese hatten sie Mühe gehabt, über den Winter zu kommen. Auch dort hatten sie gesammelt, was ihnen Wiesen und Wälder geboten hatten. Diese Erfahrung kam ihnen jetzt zugute.

Sie sammelten auf den umliegenden Obstgrundstücken Fallobst, schnitten Äpfel und Birnen in schmale Scheiben und trockneten sie. Sonntags wanderten sie in die Wälder der Umgebung, pflückten Beeren für Kompott und Marmelade und sammelten Pilze, die sie ebenfalls, in Stücke geschnitten, an der Sonne trockneten. Während der Getreideernte sammelten sie Ähren auf den abgeernteten Feldern, klopften sie daheim aus und mahlten die Körner in der Kaffeemühle zu Schrot.

Das Körnermahlen war die Arbeit der beiden Jungen. Auf diese Weise erfuhren sie, wie wichtig ihr Arbeitsbeitrag für das Wohl der ganzen Familie war. Sie sorgten durch ihre Mahlerei dafür, daß die Mutter jeden Morgen einen Schrotbrei kochen konnte.

Die Pausewangs waren nicht die einzigen, die die Felder nach vergessenen Ernteresten absuchten. Scharenweise streiften damals Hungernde an den Feldern entlang, und es gab nicht selten Streit unter verschiedenen Gruppen um besonders einträgliche Fundstellen. Natürlich war es grundsätzlich verboten, fremde Felder zu betreten. Manche Bauern duldeten die Sammler, andere jagten sie weg. Und immer mußte man vor den Feldhütern auf der Hut sein.

Einmal, spät im Jahr, sammelte Friedel mit ihren Kindern – außer der Ältesten – auf einem abgeernteten Feld einzelne Kartoffeln, die liegengeblieben waren, in einen alten Rucksack. Da überraschte sie ein berittener Feldhüter. Er ließ sich die lächerlichen zehn oder zwölf Kartoffeln zeigen und nahm Friedel fest. Sie sollte mit ihm auf die nächste Polizeiwache gehen. Natürlich trotteten auch alle fünf Kinder mit.

Während des Weges durch die Felder muß dem Mann wohl das Komische dieser Karawane bewußt geworden sein. Außerdem war er mit Friedel ins Gespräch gekommen und hatte erfahren, daß sie Kriegswitwe und Flüchtling war. Jedenfalls ließ er sie, kurz bevor sie den nächsten Ort erreichten, wieder laufen.

Für den Rest dieses Tages war den Pausewangs der Mut zum Kartoffellesen erst einmal abhanden gekommen. Beim nächsten Mal paßten sie besser auf.

Wahrscheinlich wundert sich heute mancher junge Mensch darüber, daß die Kinder all dies, ohne aufzumucken mitmachten. Aber sie waren es noch von daheim gewöhnt, mitzuarbeiten. Und sie verstanden sich als Mitglieder einer Gemeinschaft, die überleben wollte.

Natürlich blühte in Wiesbaden, wie damals überall, der Schwarzmarkt. An jeder Straßenecke der Innenstadt drückten sich Schwarzmarkthändler herum und raunten den Passanten ihre Angebote zu, feilschten untereinander, stoben davon, wenn Polizei nahte. Alles wurde gegen alles getauscht. Wer Zigaretten oder Alkohol anzubieten hatte, stieß auf reges Interesse. Besonders gut waren die Zeitgenossen dran, die mit amerikanischen Soldaten befreundet waren. Sie hatten begehrte Tauschware anzubieten.

Friedel besaß nichts, was sich anzubieten lohnte. Außer dem wenigen Gemüse, das sie auf dem Bauschutt hinter dem Haus anbaute, und den kümmerlichen Funden auf den abgeernteten Feldern gab es für sie nichts, womit sie ihre Kinder und sich selbst ein bißchen mehr sattmachen konnte.

Ein herrlicher Sommer

Auch die Großmutter hatte sich seit ihrer Ankunft in Wiesbaden bemüht, für zusätzliche Kalorien zu sorgen. Deshalb hatten sich die Haches – als Flüchtlinge – ein kleines Pachtgrundstück zuteilen lassen, das sie als Gemüsegarten nutzen durften. Dort hatte die Großmutter schon 1945/46 Salat und Spinat, Suppengrün und Möhren, Kartoffeln und Kohl, Beerenobst und Sonnenblumen gezogen, und Friedels Älteste hatte ihr dabei geholfen.

Aber da ihr die Gartenarbeit schon beschwerlich wurde, überließ sie das Grundstück nun Friedel. Es lag fast zwei Kilometer vom Haus entfernt auf der Kuppe des Bierstädter Berges, der sich zwischen dem Stadtzentrum und dem Vorort Bierstadt erhob und auf der Nordseite bis zum Kamm besiedelt war. Auf dem Südhang breiteten sich Felder aus und gaben den Blick weit in die Rhein-Main-Ebene frei.

Der Garten befand sich auf dem Gelände einer ehemaligen Flak-Station. Von hier aus waren feindliche Bombengeschwader beschossen worden. Noch konnte man die Grundmauern der früheren Baracken sehen. Zwischen ihnen lagen die Gärten der Pächter.

Dort auf dem Bierstädter Berg war Friedel nun oft, meistens zusammen mit einigen ihrer Kinder. Die Großen halfen ihr, die Kleinen tollten auf herrlichem Spielgelände herum. Denn gleich neben dem Garten ragte der alte, dicke Wartturm mitten aus einem Wäldchen riesiger Kastanien. Und nur ein paar Schritte vom Turm entfernt stand in grünem Gewucher die Ruine eines ehemaligen Ausflugsrestaurants, das vor dem

Krieg von der Wiesbadener Bevölkerung vor allem an den Wochenenden gern besucht worden war. Unter den alten Kastanien hatten damals Tische und Bänke gestanden.

Von dem Gebäude des Gasthofs war – nach einem Bombenangriff – nicht viel mehr übriggeblieben als ein kleiner Anbau mit den ehemaligen Toiletten und einem Vorraum. Alles andere lag in Trümmern, über denen sich Goldrute, Efeu und Schlingknöterich ausbreitete. In den beiden einigermaßen heil gebliebenen Toilettenräumen wohnte noch der ehemalige Pächter mit seiner Familie.

Daß Friedel mit dieser Ruine in gar nicht so ferner Zeit viel zu tun haben würde, ahnte sie damals noch nicht.

Das neue Leben der Pausewangs in Wiesbaden bestand nicht nur aus Arbeit. Sonntags wanderten sie oft in die wunderschöne Umgebung der Stadt, wenn das Wetter es nur irgend erlaubte. Sie lernten den Taunus, das Rhein- und das Maintal kennen. Natürlich mußten sie Route und Ziel so planen, daß die Wanderungen möglichst kein oder nur wenig Geld kosteten. Ein Stück Straßenbahn oder Omnibus war das höchste, was sie sich leisten konnten. Proviant nahmen sie in Rucksäcken mit.

Einer ihrer Lieblingsplätze war das Rheinufer bei Eltville, wo die älteren Kinder den jüngeren das Schwimmen beibrachten. Damals war das Rheinwasser noch ziemlich sauber, und man konnte bedenkenlos darin baden.

Der erste Wiesbadener Sommer, ein sehr warmer und trockener, verging. Mit dem kleinen Handwagen der Haches hatten Friedel und die Kinder viel Klaubholz aus dem Kloppenheimer Wald geholt, zersägt und zerhackt. Trotzdem wurde es noch einmal ein harter Winter. Denn die Schlafzimmer im Dachgeschoß waren nicht beheizbar, und der Herd in der Wohnküche schaffte es nicht, den Raum angenehm zu wärmen. Unter den Türen und durch die einfach verglasten Fenster zog es herein.

Ein großes Problem waren die Schuhe. Immer wieder wurden sie vom Schuhmacher noch einmal mit Kappen, neuen Sohlen und Absätzen versehen. Bezugscheine für Schuhe und Kleidung gab es zwar ab und zu. Aber die Zuteilung an Lederwaren und Textilien deckte längst nicht den tatsächlichen Verbrauch. Während des Sommers waren die Kinder in »Klappersandalen« gelaufen, die man ohne Bezugschein bekam. Sie waren aus gegliederten Holzsohlen und Lederriemchen gefertigt. Und für das Haus hatte Friedel sich selbst und den Kindern aus Stoffresten eine Art Pantoffeln genäht.

Aber für die langen Schulwege durch Regen und Schnee war stabiles Schuhwerk nötig. Friedel war froh, wenn ihr Bekannte die abgetragenen oder zu klein gewordenen Schuhe ihrer eigenen Kinder schenkten.

Freude herrschte auch, wenn wieder einmal ein Paket aus Schweden kam. Dort lebte ein Freund von Siegfried. Er und Siegfried hatten bis zum Kriegsbeginn miteinander korrespondiert, dann war der Briefwechsel abgebrochen. Friedels älteste Tochter hatte sich die schwedische Adresse gemerkt, und so hatte Friedel dem Schweden nach dem Krieg schreiben können. Seine Frau schickte dann und wann ein Fäßchen mit Salzheringen, ein Paket mit guterhaltener Kleidung. Friedel dankte jedesmal mit einem langen Brief.

Nach der Ankunft eines solchen Kleiderpakets wurde eifrig getrennt und zugeschnitten, verlängert und gekürzt, bis alle Sachen irgend jemandem in der Familie paßten. Großmutters alte Tretnähmaschine war für Friedel Gold wert.

Einmal bekam die Älteste von einer Schulkameradin eine große rote Hakenkreuzfahne geschenkt. Natürlich, Fahnen dieser Art wurden ja nicht mehr gebraucht. Sie freute sich riesig über das Geschenk, denn der Stoff reichte für ein Kleid. Nicht einmal das Hakenkreuz warf sie weg. Es war ja aus Stoff. Friedel arbeitete es in die Sohlen von Kinderpantoffeln ein.

An dem hübschen roten Kleid hatte Friedels Tochter allerdings nicht viel Freude: Es war so mürbe, daß es bei jeder etwas heftigen Bewegung irgendwo riß. Da lohnte sich auch das Flicken nicht mehr.

Ihre Rosinkawiesen-Angewohnheit, oft zu singen, hatten die Pausewangs beibehalten. Sie borgten auch regelmäßig Bücher aus der Städtischen Bücherei aus. Abends, wenn die drei Jüngsten schon schliefen, saß Friedel mit den drei Ältesten um den Küchentisch. Eine von ihnen las vor, die anderen hörten zu und strickten, nähten oder flickten dabei. Es gab ja so viel zu reparieren! Auf den Hosenböden der Jungen saßen Flicken über Flicken, und die Spitzen und Fersen der Strümpfe und die Ellbogen der Pullover waren durch- und durch gestopft. Der hölzerne Stopfpilz war eines der meistgebrauchten Geräte des Haushalts. Und alle weiblichen Mitglieder der Familie schützten ihre Kleider unter Schürzen, die sie so gut wie immer trugen, wenn sie sich daheim aufhielten. Nur wenn Besuch kam, wurden sie abgenommen.

Wie in vielen Städten hatten sich auch in Wiesbaden ehemalige Mitglieder der Jugendbewegung zu einem Verein zusammengeschlossen, der sich »Freideutscher Kreis« nannte. Darin tummelten sich neben ehemaligen Nazis wie auch erbitterten Nazigegnern zahlreiche Originale, die sich noch immer wie Wandervögel kleideten und benahmen, obwohl sie schon in Friedels Alter oder weit älter waren. Die ewig Junggebliebenen wanderten mit ihren fünfzig oder sechzig Jahren in Kniehosen und mit Klampfe durch den Taunus, trugen grundsätzlich keinen Hut, höchstens eine Baskenmütze, schürten abends Lagerfeuer und verachteten alle Mitmenschen, die sich in Kino, Café oder Weinstube wohler fühlten.

Dieser Freideutsche Kreis bot aber auch Vortrags- und Diskussionsabende, Konzerte, kulturhistorische Führungen in Verbindung mit Wanderungen an. Und bei den meisten Veranstaltungen waren auch Kinder willkommen.

Dort zog es Friedel oft hin, und natürlich nahm sie ihre Kinder mit. Nie kam sie auf den Gedanken, sie zu fragen, ob sie Lust dazu hatten. Sie entschied für sie mit. Und die Kinder wagten nicht, eigene Wünsche zu äußern. Wollte eine der Töchter abends bei einem Chor mitsingen, Schulkameradinnen besuchen oder ins Kino gehen, verbot Friedel es ihr nicht, zeigte aber deutlich ihren Unwillen. Nur schulische Veranstaltungen akzeptierte sie – oder solche, die sich gemeinsam besuchen ließen.

Etwas gegen Mutters Willen zu tun, empfanden die Pausewang-Kinder als fast undenkbar. Sie hatten nie gelernt, sich gegen die mütterliche Autorität aufzulehnen. Und so fanden sie sich damit ab, abends fast immer daheim zu bleiben. Sie genossen die familiäre Geborgenheit, weil es für sie nichts anderes zu genießen gab. Friedel aber glaubte, auf diese Weise ihre Kinder vor den nach ihrer Meinung verderblichen Einflüssen der Großstadt bewahren zu können.

Das Geld ist wieder was wert

Schon seit Friedel mit ihrer Familie bei den Haches wohnte, fühlte sich auch ihre Schwester Hilde nach Wiesbaden gezogen. Da Peter, ursprünglich Polizeibeamter, nach dem Kriegsende umgesattelt und im Rahmen der Umschulungen, die Kriegsteilnehmern angeboten wurden, eine Polsterer- und Dekorateursausbildung absolviert hatte, war er als junger Handwerker, der eine eigene Werkstatt aufmachen wollte, nicht ortsgebunden. Und so besorgte ihnen Fritz Hache eine Wohnung in Bierstadt.

Im Gegensatz zu Friedel besaßen sie Möbel und Hausrat, und der ganze Umzug gestaltete sich doch weit komplizierter und umständlicher als der von Friedel ein Jahr zuvor. Aber schließlich landeten sie wohlbehalten mit ihren Siebensachen in ihrer neuen Bierstädter Wohnung.

Die stellte für sie auch nur eine Übergangslösung dar. Denn Hilde und Peter wollten bauen. In dem neuen Haus sollte auch Peters Werkstatt Platz finden.

Doch noch war es nicht soweit. Niemand verkaufte ein Stück Land in dieser Zeit, in der das Geld nichts wert war. Erst mußten wieder stabile Geldverhältnisse herrschen.

Aber es wurde bereits gemunkelt, daß der Tag X, an dem die alte Währung in neue umgetauscht werde, nicht mehr fern sei. Dieses Thema interessierte alle brennend, auch Friedel. Mit Spannung verfolgte man die Entwicklung, die zur Währungsreform führte. Ost-West-Besprechungen über eine gemeinsame Währungsreform der Besatzungszonen in Deutschland wurden abgebrochen. Die Westmächte entschlossen sich, die Währungsreform ohne die UdSSR durchzuführen. Und so wurde sie auf den 20. Juni 1948 festgesetzt.

Das war ein wichtiger Einschnitt in der Geschichte der westdeutschen Nachkriegszeit.

Bis zu diesem Datum hatte sich die deutsche Wirtschaft noch nicht erholt: Man bekam fast nichts für sein Geld; niemand wollte investieren; Tausch war noch immer das sicherste Zahlungsmittel. Bis zu diesem Datum waren noch so gut wie alle Läden leer. Nur das Angebot an Kunst und Kunsthandwerk war unverhältnismäßig reich gefächert. Es gab Unmengen von Aquarellen, Kohle- und Tuschezeichnungen, Linolschnitten, es gab Holzschnitzereien und handgebasteltes Spielzeug, mit der Laubsäge ausgesägte Holzfiguren mit Märchenmotiven, die an die Wand zu hängen waren, und Bücherstützen skurrilster Art. Man konnte auch allerlei phantasievolle Brieföffner erstehen, denen man ansah, daß sie aus Altmaterial hergestellt worden waren. Patronenhülsen, Autoreifen, Konservendosen, Fallschirme – alles wurde verbastelt. Aber fast nichts davon ließ sich für den Alltag nützen.

Wohl konnte man in den Textil- und Schuhläden einkaufen. Aber nur auf Bezugschein. Und meistens war die Ware lieblos gestapelt. Nichts deutete darauf hin, daß man bemüht war, sie gefällig zu präsentieren. Noch spielte Werbung so gut wie keine Rolle. Alle Fabriken und Handwerkerläden hielten ihre Ware zurück. Niemand war an der wertlosen Reichsmark interessiert.

Friedel verfügte noch über eine kleine Summe Erspartes, zurückgelegt für Notsituationen. Die würde mit der Währungsreform ihren Wert verlieren. Und so stürzten die Pausewangs am letzten Werktag vor dem

20. Juni, wie viele andere Wiesbadener auch, in die Innenstadt und kauften ein, was sich nur kaufen ließ. Auf diese Weise ließ sich wenigstens ein kleiner Teil des Geldwertes retten.

In einem Antiquariat kauften sie ein paar abgegriffene Romane, in einem Schuhladen einige Paare Klappersandalen verschiedener Größen, hergestellt aus Autoreifen. Sie ergatterten Schneidebrettchen für die Küche, zwei aus zerbeultem Blech geschnittene und zusammengelötete Trichter, ein paar Holzspielsachen. Und als alle Läden leer waren und sie nichts mehr finden konnten, was sich kaufen ließ, leisteten sie sich einen Luxus: Am Abend des 19. Juni gingen sie, alle sieben, ins Bierstädter Kino, auf die besten Plätze, und sahen sich den Film »Das Haus in Montevideo« an, ein Lustspiel von und mit Curt Goetz.

Wenn man auch nur vierzig Deutsche Mark pro Kopf erhalten würde, bedeutete das trotzdem noch kein Todesurteil. Sicher, man würde am Anfang kurztreten müssen. Aber das Geld würde wieder zum starken, zum einzigen Zahlungsmittel werden, die vielen Schwarzhändler und Tauscher an den belebtesten Ecken der Großstädte würden verschwinden, und es würde sich wieder lohnen, gegen Bezahlung, nicht nur gegen Naturalien, zu arbeiten.

Schon am Tag der Währungsreform konnte man beobachten, wie Schaufenster dekoriert wurden, wie sie sich mit Waren füllten, ja wie plötzlich eine ganze Reihe neuer Läden quasi aus dem Zylinder gezaubert wurden und Ware anpriesen. Die Geschäftsstraßen wurden bunter, der Markt belebte sich von Tag zu Tag mehr, und man wußte: Was man jetzt auf die hohe Kante legte, behielt seinen Wert.

Kurz: Mit Deutschland ging es wieder bergauf.

Die jungen Pausewangs

Kaum hatte sich die Bevölkerung Westdeutschlands einigermaßen von der Aufregung rund um die Währungsreform erholt, als neue Unruhe entstand: Die Sowjets blockierten Westberlin. Diese Blockade hielt auch schon Kinder in Atem.

Sie hatte sehr wohl mit der Währungsreform zu tun. Denn nach dem Abbruch der Viermächteverhandlungen über eine einheitliche Währungsreform in Großberlin ordnete die sowjetische Militärverwaltung eine Währungsreform für die Ostzone und Großberlin an. Darauf setzten die westlichen Stadtkommandanten diese Anordnung für ihre Sektoren außer Kraft. Die Folge war, daß die Sowjets jeden Personen- und Güterverkehr von und nach Ostberlin unterbanden.

Und nun geschah etwas, was niemand für möglich gehalten hatte: Die Westmächte gaben nicht nach, sondern versorgten die Bevölkerung Westberlins über eine »Luftbrücke«. Jeder sprach von den »Rosinenbombern«. Im Radio wurde über sie berichtet, in den Zeitungen erschienen ihre Fotos, und wer Freunde oder Verwandte in Westberlin hatte, wußte diese überaus aufwendige Aktion des Westens ganz besonders zu schätzen.

Niemand ahnte damals, daß sich die Berlin-Blockade über Monate erstrecken sollte. Erst im darauffolgenden Jahr hoben die Sowjets sie auf.

Auch Friedel hatte gute Freunde in Berlin: die Familie, die während der Flucht zwei Wochen lang mit ihr und den Kindern über die Landstraßen gezogen war und ihr zur ersten Nachkriegsweihnacht die fünf Briketts geschickt hatte.

Friedels Älteste hatte nun schon seit einem Jahr das Abitur hinter sich, dazu noch ein halbes Jahr Sonderkurs: das kleine Latinum. In ihrem Gymnasialzweig war Latein nicht angeboten worden. Nun besaß sie einen vollwertigen Gymnasialabschluß.

Sie wollte Lehrerin werden. Sie bestand die Aufnahmeprüfung in den zweiten Normallehrgang am Pädagogischen Institut in Weilburg an der Lahn, einem idyllischen hessischen Städtchen. In der ersten Zeit nach dem Krieg hatte man dort nur Pädagogen in Schnellkursen ausgebildet, denn es herrschte großer Lehrermangel. Viele Lehrer waren gefallen, anderen wurde wegen ihrer braunen Vergangenheit die Rückkehr in die Schule verwehrt, wieder andere hatten längst das Pensionsalter erreicht, waren aber während des Krieges im Schuldienst geblieben, um eingezogene Lehrer zu ersetzen.

Friedels Tochter war eine der Jüngsten in ihrem Lehrgang. Die meisten Studenten ihres Semesters waren Kriegsteilnehmer und bekamen erst jetzt Gelegenheit, sich auf einen Beruf vorzubereiten.

Ab Oktober 1948 studierte die Älteste also in Weilburg und kam nur während der Semesterferien und zu Feiertagen heim. Dann holte die Familie sie von der nächstgelegenen Bahnstation ab, in Nordenstadt, einem Dorf östlich von Bierstadt.

Das Studiengeld wurde ihr, der Kriegswaise aus einer kinderreichen Familie, teilweise erlassen. Trotzdem brauchte sie Geld. Friedel konnte ihr nur wenig geben. So verdiente sie, wann immer sich ihr Gelegenheit bot, während des Studiums einiges dazu, vor allem mit Nachhilfestunden für schwache Schüler und Schippdienst beim Anlegen eines Sportplatzes für das Institut. Zwei Mark pro Nachhilfestunde, zwei Mark fünfzig pro Schippstunde – beides eine gute Bezahlung.

Die Zweitälteste wollte Jugendleiterin werden, wie Friedel. Nach der Mittleren Reife verließ sie das Mädchenlyzeum am Boseplatz, um das Kindergärtnerinnenseminar in Mainz zu besuchen, dieselbe Schule, an der Friedel etwa dreißig Jahre früher Schülerin gewesen war. Einige von Friedels ehemaligen Lehrerinnen und Lehrern waren noch da, vor allem ihre Lieblingslehrerin, Frau Passavant, die damals, im Ersten Weltkrieg, noch ganz jung gewesen war, jetzt aber kurz vor ihrer Pensionierung stand.

Nun mußte Friedels Zweite also jeden Tag erst nach Wiesbaden hinunterwandern und von dort mit Zug oder Bus nach Mainz hinüberfahren. Zwei Stunden war sie täglich unterwegs.

Die dritte Tochter wollte Säuglingsschwester werden. Dafür brauchte sie nur den Volksschulabschluß. Anschließend machte sie ein einjähriges Praktikum in einem städtischen Kinderheim in Wiesbaden.

Schon im Jahr 1947 hatte der ältere Sohn, zehn Jahre alt, seine Aufnahmeprüfung ins Knabengymnasium an der Oranienstraße bestanden, war zur Zeit der Währungsreform Quintaner und mußte auch Tag für Tag nach Wiesbaden laufen. Nur die beiden Jüngsten gingen noch in Bierstadt zur Schule.

Obwohl Friedel dunkles Haar hatte – vielleicht war es in ihrer Kinderzeit etwas heller gewesen? –, waren alle ihre Kinder blond, wie auch Siegfried in seiner Jugend weißblond gewesen war. Das Haar der dritten Tochter und des jüngsten Sohnes schimmerte leicht rötlich.

Friedel trug ihr Haar in einem Dutt im Nacken. Das war auch die Frisur ihrer beiden ältesten Töchter: langes Haar zu Zöpfen geflochten, diese hochgesteckt. Friedel war eine schlanke, fast hagere, eher kleine Frau.

Sie war ziemlich kurzsichtig. Ohne ihre Brille war sie verloren. Und auch ihre Älteste und die Dritte trugen Brillen. In späteren Jahren mußten sich die übrigen Pausewang-Kinder ebenfalls an Brillen gewöhnen. Nur der Jüngste behielt sein gutes Sehvermögen.

Die Älteste war Friedels Vertraute. Sie ersetzte ihrer Mutter den toten Gefährten, den Gesprächspartner. Friedel besprach alle anfallenden Probleme mit ihr – und überforderte sie damit.

Friedel war eine überaus starke Persönlichkeit. Die überschattete ihre Kinder. Alle sechs hatten große Mühe, sich, als sie erwachsen wurden, aus ihrem Einfluß, von ihrem Vorbild zu befreien, aus dem Schatten, den sie über sie alle warf.

Nein, sie war nicht fehlerlos, diese Übermutter. Zum Beispiel konnte sie keine Kritik ertragen. Und in der Erziehung ihrer eigenen Kinder kannte sie so gut wie kein Lob. Gefühle versteckte sie, konnte aber zuweilen sehr pathetisch werden. Wer sich gegen ihren Willen auflehnte, dem sagte sie Kampf an.

Aber sie liebte ihre Kinder, und für sie lebte sie. Für sie wäre sie auch gestorben: eine leidenschaftliche Frau.

Auf Arbeitssuche

Sobald die Währungsreform im marktwirtschaftlichen Bereich klare Verhältnisse geschaffen hatte, erkannte Friedel, daß sie auf irgendeine Art Geld verdienen mußte, wenn sie ihren Kindern eine solide und ihren Veranlagungen entsprechende Berufsausbildung mitgeben wollte. Sie mußte sich also nach einer Arbeitsstelle umsehen, gleichgültig, welcher Art.

Friedel war optimistisch. Sie war gesund, nicht auf den Kopf gefallen, konnte Maschine schreiben, konnte gut Klavier, Laute und Flöte spielen, war ausgebildete Pädagogin und scheute auch keine körperliche Arbeit. Irgendeine bezahlte Tätigkeit mußte sich doch finden lassen!

Ihre Mutter äußerte Bedenken. »Wer wird dann daheim die Hausarbeit machen? Du kannst doch nicht arbeiten gehen *und* den Haushalt für sieben Personen führen!«

Aber Friedel hielt dies für machbar. Natürlich war ihr auch klar, daß sie nicht alle Arbeit allein schaffen konnte. Aber wenn die Kinder im Haushalt mithalfen, mußte es gehen.

»Sie werden allein zu Hause sein, während du irgendwo arbeitest«, gab ihre Mutter zu bedenken. »Hast du dir das gut überlegt?«

Ja, auch daran hatte Friedel gedacht. Es würde sich nur um ein paar Nachmittagsstunden handeln, in denen die Kinder sich selbst überlassen blieben. Vormittags waren sie ja in der Schule. Sie, Friedel, würde abends das Mittagessen für den nächsten Tag vorkochen, und nach dem Essen würden die Kinder erst einmal ihre Hausaufgaben erledigen. Daß sie irgendwo auf der Straße herumhängen und in schlechten Einfluß geraten könnten, befürchtete sie nicht. Sie wußte, daß sie sich auf ihre Kinder verlassen konnte.

»Wenn das nur gut geht«, meinte ihre Mutter.

Mit ihrer Hilfe konnte Friedel nicht rechnen. Großmutter Hache war inzwischen längst in den Siebzigern und beanspruchte bei bestimmten körperlichen Arbeiten, wie zum Beispiel dem Instandhalten des Vorgartens, dem Wäscheaufhängen und Einkaufstaschenschleppen, häufig die Hilfe der Pausewangs.

Friedel sprach mit ihren Kindern. Die erklärten sich natürlich bereit, mehr als bisher mitzuhelfen. Auch die Jüngsten verstanden schon, daß es letzten Endes um ihr eigenes Wohl ging. Und untätig zusehen, während sich die Mutter abrackerte, war sowieso ein Ding der Unmöglichkeit.

Nun ging Friedel guten Mutes auf Arbeitsuche. Da sie auf der Rosinkawiese von Siegfried gründlich in jede Art von Gartenarbeit eingeführt worden war, dachte sie zuerst an einen Arbeitsplatz in einer Gärtnerei. Also klapperte sie ein Dutzend Gärtnereien ab – erst die in der Nähe, dann immer entferntere. Manchmal wurde sie gleich am Tor abgefertigt. Sie war ja eine unter vielen.

Nirgends wollte man sie haben. Sie war den Gärtnern mit ihren 46 Jahren zu alt. Die Gärtner konnten jederzeit jüngere Leute, auch Männer, bekommen. Außerdem hatten die Gärtnereibesitzer so kurz nach der Währungsreform noch große Schwierigkeiten, ihre Betriebe existenzfähig zu halten. Da bedeutete jede Neueinstellung einer Arbeitskraft ein Risiko.

In dieser Branche hatte Friedel also keine Chancen. Aber das entmutigte sie nicht. Sie war Kindergärtnerin und Jugendleiterin. Sie bot also ihre Arbeitskraft in allen Kindergärten und Kinderheimen Wiesbadens an, auch in Bereichen, die weit unter ihrer Qualifikation lagen. Sie hätte als Kindergartenhelferin oder Küchenhilfe gearbeitet, wenn sie nur dafür bezahlt worden wäre.

Aber sie hatte kein Glück. Sie war zu alt. Potentielle Arbeitgeber befürchteten wohl auch, daß sie als Mutter von sechs Kindern bereits erschöpft zur Arbeit kommen und ihre Gedanken mehr daheim als bei ihrer Tätigkeit haben würde.

Nun versuchte Friedel, Heimarbeit zu bekommen. Ohne Erfolg. Um Heimarbeit bewarben sich unzählige Mütter mit kleinen Kindern, die auf keinen Fall eine Arbeit außer Haus annehmen konnten. Die hatten natürlich Vorrang.

Auch in Fabriken würde sie mit ihrem Alter nicht mehr angestellt werden. Vielleicht hätte sie noch Chancen gehabt, irgendwo als Verkäuferin zu arbeiten. Aber dafür empfand sie sich als ungeeignet. Eine Verkäuferin muß flink sein, hin- und herwieseln, blitzschnell reagieren können. Außerdem hielt sie sich nicht für fähig, jemandem etwas aufzuschwatzen, was sie selber nicht gekauft hätte.

Wahrscheinlich hätte sie damals sogar als Trümmerfrau gearbeitet, hätte zwischen den Ruinen Mörtel von Ziegelsteinen geklopft, wenn sie ein bißchen Geld dafür bekommen hätte. Aber Trümmerfrauen gab es nach der Währungsreform nicht mehr.

Was nun? Friedel grübelte und grübelte auf der Suche nach einem Ausweg. Schließlich kam ihr ein Einfall, der sie selbst verblüffte: Warum versuchte sie nicht selber, einen Kindergarten aufzumachen?

Eine Enttäuschung nach der anderen

Diese Idee war geradezu absurd. In einer Zeit, in der überall noch Trümmerberge herumlagen und in jedem auch nur einigermaßen bewohnbaren Raum Flüchtlinge und Vertriebene hausten, in einer Zeit, in der Wohnungen, überhaupt jede Art von Räumlichkeiten heißbegehrte Mangelware darstellten, hatte sie nicht die geringste Aussicht, irgendwo auf ungenutzte Räume zu stoßen, in der sie noch dazu einen Kindergarten würde einrichten dürfen. Ein Kindergarten brachte der Nachbarschaft ja Lärm und Unruhe.

Außerdem besaß sie kein Startkapital, um eine solche Existenz zu gründen.

Trotzdem grübelte sie weiterhin in diese Richtung. Sogar sonntags, wenn sie mit ihren Kindern die Umgebung durchwanderte, ließ sie ihren Blick über jedes Gebäude gleiten, prüfend, ob es vielleicht leerstand und für einen Kindergartenbetrieb geeignet war.

Auf ihren sonntäglichen Ausflügen wanderten die Pausewangs auch einmal durch die Weinberge des Rheingaus bei Martinsthal. Dort fiel Friedel ein altes, ungepflegt wirkendes, schlößchenartiges Haus auf, das auf einem Steilhang herb und kahl aus den Rebenreihen aufragte. Es stand ganz offensichtlich leer.

Friedel fragte sich verblüfft, was wohl der Grund dafür sein könne, daß in einer Zeit, in der aller Privatwohnraum von den Kommunen verwaltet wurde und sich niemand gegen eine Zwangseinweisung von Flüchtlingen wehren konnte, ein ganzes Haus mit mindestens sechs Räumen leerstand.

Sie erkundigte sich in Martinsthal und bekam erzählt, daß dieses Sommerhaus – es mußte etwa um die Jahrhundertwende erbaut worden sein – dem Besitzer des Weinguts gehöre. Der wohne aber nicht hier, sondern irgendwo in einer Stadt rheinabwärts und lasse sich hier nur selten sehen. Wenn er komme, wohne er nie dort auf dem Weinberg. Das Haus stehe immer leer. Nur ein privater Zufahrtweg führe durch die Rebenanlagen zu ihm. Der Besitzer sei an einer Vermietung des Hauses nicht interessiert, da er befürchte, die Bewohner seines Sommerhauses könnten ihm dann seine Trauben stehlen und sonstigen Schaden im Weinberg anrichten. Und er habe auf die Kommunalverwaltung des Ortes ziemlich viel Einfluß.

Was an diesen Informationen der Wahrheit entsprach und was nicht, konnte Friedel nicht erkennen. Sie machte nun den Verwalter des Weinguts ausfindig und schilderte ihm, einem freundlichen Mann mittleren Alters, ihre Lage und ihr Anliegen. Er zuckte die Achseln. Darüber konnte nur der Besitzer selbst entscheiden. Er gab ihr dessen Adresse und empfahl ihr, ihm ihr Anliegen schriftlich zu schildern.

Das tat sie und wartete ungeduldig auf eine Antwort.

Von diesem Haus mit dem herrlichen Ausblick über das Rheintal träumte sie die nächsten zwei Wochen Tag und Nacht. Was hatte der Verwalter gesagt? Die Räume seien nicht möbliert? Sie würde sie schon irgendwie möblieren. Der Staub von Jahren habe sich darin abgelagert? Nun, da würde man eben ein paar Tage lang putzen müssen. Kein Grund, von diesem Traum abzulassen.

Wenn sich der reiche Besitzer, der das Weingut angeblich nur so nebenbei besaß und auf dessen Erträge, wie es hieß, nicht angewiesen war, erweichen ließe, das Haus an sie zu vermieten? Wunderbare Aussicht! Dann konnte sie dort zwar keinen Kindergarten, aber vielleicht ein kleines Kindererholungsheim einrichten? Oder eine Pension für Sommergäste?

Der Besitzer hielt es nicht einmal für nötig, Friedel zu antworten. Nur der Verwalter schrieb ihr wütend. Er hatte von seinem Chef einen Rüffel bekommen, weil er dessen Adresse herausgegeben hatte. Und nun gab er den Frust an Friedel weiter.

Der Traum war zerronnen.

So ging es Friedel mehrere Male. Immer wieder glaubte sie, etwas Hoffnungsträchtiges gefunden zu haben. Dann zerschellten die Hoffnungen an den harten Realitäten.

So zum Beispiel, als sie die Bunkeranlagen auf dem Südhang des Bierstädter Berges für eine Nutzung ins Auge faßte. Unmittelbar nach Kriegsende hatte sich ein junges Paar darin eingenistet. Es war mit der Frau verwandt, die den Haches nach deren Flucht aus Metz die bombenbeschädigte Wohnung im Wiesbadener Kurviertel vermittelt hatte.

Der Bunker war nicht groß. Er umfaßte einige wenige Räume, hatte Betonwände, eine mit einer dicken Erdschicht bedeckte, grünüberwucherte Betondecke und natürlich winzige Fenster hinter Erdwällen. Auf Friedels Frage, welchem Zweck er gedient habe, bekam sie von verschiedenen Anrainern nur die Auskunft, er habe irgendwie im Zusammenhang mit den Flakstellungen gestanden.

Inzwischen hatte das Paar nach der Geburt eines Sohnes den Bunker verlassen und war in die Wohnung umgezogen, die die Haches Ende 1946 geräumt hatten. Seitdem stand der Bunker leer.

Aber noch bevor Friedel sich darüber Gedanken machen mußte, wie sich diese düsteren Räume erhellen und wärmen ließen, war der Traum schon ausgeträumt: Sie erfuhr, daß die Stadtverwaltung den Bunker für unbewohnbar erklärt hatte und ihn demnächst sprengen lassen wollte. Daran war nicht zu rütteln.

Und auch das Nebengebäude einer stillgelegten Fabrik, mit dem Friedel geliebäugelt hatte, bekam sie nicht. Die Fabrik sollte bald wieder arbeiten, dann würde man auch das Nebengebäude brauchen.

Die entscheidende Idee

Die entscheidende Idee kam Friedel, als sie wieder mal im Garten ihrer Mutter auf dem Bierstädter Berg hackte und jätete und ihre Jüngsten, die mit ihr gekommen waren, im Kastanienwäldchen rund um den Wartturm spielen sah.

Im Nachbargarten arbeitete auch eine Frau. Sie kam mit ihr ins Gespräch. Die Frau erwähnte beiläufig, daß die Ruine neben dem Wartturm seit kurzem leerstehe. Der ehemalige Pächter des Ausflugslokals, das der Stadt gehört habe, sei mit seiner Familie ausgezogen. Er habe angeblich irgendwo wieder einen Gasthof gepachtet. Es dürfe übrigens niemand mehr in die Ruine einziehen, weil sie in einem desolaten Zustand sei.

Friedel hörte atemlos zu. Sie war wie elektrisiert. Sobald die Frau aus dem Nachbargarten heimgegangen war, ließ sie die Hacke fallen und lief hinüber. Ihre Jüngsten sahen sie kommen und wunderten sich. Was war passiert? Neugierig schlossen sie sich ihr an.

Die Eingangstür war nicht einmal verschlossen. Wozu auch? Es war ja eine Ruine, die wirklich nicht zum Wohnen einlud. Und wahrscheinlich würde sie, sobald etwas bessere Zeiten anbrächen, abgerissen.

Friedel sah sich an, was die Pächtersfamilie seit der Zerstörung des Gebäudes bewohnt hatte. Wohnung konnte man das nicht nennen. Es war der ehemalige Toilettentrakt des Ausflugsrestaurants: zwei nebeneinanderliegende, früher wahrscheinlich in mehrere Kabinen eingeteilte Räume mit gekachelten Fußböden, dazu ein kleiner Vorraum und eine separate Einzel-Toilette, die vor dem Bombenangriff den Pächtern, vielleicht auch dem Personal als Privattoilette gedient haben konnte.

Ein Witz: Die Bombe hatte alles zerstört, das ganze großzügig angelegte Backsteingebäude. Nur die Toiletten hatten den Angriff einigermaßen heil überstanden.

Die »Wohnung«, die Friedel immer noch für wohnlicher als die beiden Winsener Kämmerchen hielt, befand sich in einem elenden Zustand: Die Türen schlossen nicht. Die Scheiben waren eingeschlagen, das Dach war nicht mehr dicht. Aber die Mauern schienen stabil zu sein.

Friedel überlegte: Die Räume waren für einen Kindergartenbetrieb reichlich klein. Höchstens zwanzig Kinder waren darin unterzubringen. Aber wie schön diese Ruine lag! Die Mauerreste und Trümmerberge des großen Gebäudes waren grün überwuchert, und die kleine Ruine – früher ein Anbau am Hauptgebäude – war geradezu eingesponnen von üppig blühenden Clematisranken. Neben dem Eingang lag ein kleiner Hofplatz. Er bot Raum für ein paar Blumenrabatten. Vielleicht auch für einen Sandkasten.

Und gleich neben dem Trümmerberg begann der Kastanienwald, in dessen Schatten früher Tische gestanden hatten, an denen bei gutem Wetter gespeist worden war. Mitten zwischen den Kastanien ragte der Wartturm auf. Hier unter den hohen Bäumen war unendlich viel Platz zum Spielen. Und dahinter breiteten sich Wiesen, Felder und kleine Gehölze aus.

Kaum heimgekehrt, bat Friedel ihren Stiefvater, die Ruine zu begutachten und seine Meinung zu äußern. Er sah sie sich gleich an. Nach gründlicher Untersuchung des Gebäuderestes stellte er fest, daß Mauern und Dach in ihrer Statik und Substanz nicht beschädigt waren. Für ihre Stabilität konnte er sich guten Gewissens verbürgen. Er meinte, daß die Ruine ohne große Geldmittel in einen bewohnbaren Zustand zu bringen sei.

Friedels Hoffnung wuchs, zumal sie merkte, daß ihn dieses verrückte Unternehmen reizte. Wenn daraus etwas würde – nicht auszudenken!

Fritz Hache wandte sich an den Magistrat und versuchte, für ihr Vorhaben den Weg zu ebnen. Sie mußte Gesuche schreiben, Eingaben machen, immer wieder nachfragen, um Antwort bitten, sich in Erinnerung bringen.

Endlich wurde die Ruine von Beamten der zuständigen Behörde, die die städtischen Immobilien verwaltete, besichtigt. Für Friedel sprach, daß man seitens der Stadt bemüht war, jede Art einer soliden Existenzgründung zu fördern und zu unterstützen, und daß sie als Kriegswitwe mit sechs noch unmündigen Kindern Anspruch auf besonders intensive Hilfe hatte. Andererseits trug die Behörde in diesem Fall große Verantwortung, denn in der Ruine sollten sich ja nicht nur die Mitglieder der Familie Pausewang aufhalten, sondern auch Kindergartenkinder.

Mit der Hilfe und fachlichen Kompetenz ihres Stiefvaters erreichte Friedel schließlich, daß ihr die Räume zur Errichtung eines kleinen Privatkindergartens überlassen wurden. Die Miete war lächerlich niedrig. Aber sie mußte sich schriftlich verpflichten, die Ruine zu räumen, wenn die städtischen Behörden sie dazu auffordern würden. Denn die Stadt hatte vor, in absehbarer Zeit diesen Gebäuderest abzureißen, den Trümmerberg zu entfernen und den ganzen Platz, auf dem das Restaurant einmal gestanden hatte, völlig einzuebnen.

Friedel arrangierte sich mit dieser wenig angenehmen Aussicht. Sie hatte während der letzten Jahre gelernt, nur das Heute und Morgen im Auge zu haben.

Ihre Freude übertrug sich auf die Kinder. Auch die Älteste in Weilburg bekam die Botschaft zugesandt. Hilde und Peter, die seit Wochen fasziniert das zähe Ringen um die Ruine beobachtet und Friedel in herzlicher Verbundenheit die Daumen gedrückt hatten, gratulierten. Und die Großmutter zeigte sich beruhigt: Ein Kindergartenbetrieb und ein großer Haushalt ließen sich schon eher unter einen Hut bringen als irgendein x-beliebiger Arbeitsplatz in Gärtnerei oder Fabrik.

Friedel wußte es besser. Für einen von ihr selbst geleiteten Kindergarten würde sie auch daheim in ihrer Freizeit hart arbeiten müssen.

Ein Hürdenlauf

Aber vorerst konnte Friedel noch nicht daran denken, den Kindergarten in Betrieb zu nehmen. Daß sie entsprechende Räumlichkeiten vorweisen konnte, war nur die erste Voraussetzung.

Sie brauchte eine Erlaubnis zur Eröffnung und Leitung eines Kindergartens. Dafür war das Sozialamt zuständig. Dort sprach sie vor, füllte Formulare aus, stellte Anträge.

Wieder wurde die Ruine besichtigt. Da im Stadtgebiet von Wiesbaden zu dieser Zeit großer Mangel an Kindergartenplätzen wie auch akute Raumnot herrschten, die Behörde also nicht allzu wählerisch sein durfte, wurde ein Kindergartenbetrieb in diesen Räumlichkeiten – als vorübergehend – bewilligt.

Friedel frohlockte. Aber nun mußte sie noch nachweisen, daß sie überhaupt befähigt war, einen Kindergarten zu leiten. Das hieß, sie mußte beweisen, daß sie ein Jugendleiterinnenseminar mit Erfolg besucht hatte. Als Flüchtling besaß sie keine Zeugnisse mehr. Die waren auf der Rosinkawiese geblieben. Was nun?

Glücklicherweise war sie an einem Jugendleiterinnenseminar ausgebildet worden, das in Westdeutschland lag. Wer in Breslau, Königsberg oder Danzig eine Schule oder Universität besucht hatte und jetzt ein Zeugnisduplikat brauchte, war schlecht dran. Friedel fuhr also nach Mainz in ihre ehemalige Schule und bat um eine Abschrift ihres Zeugnisses.

Als Antwort bekam sie nur ein bedauerndes Achselzucken. Es gab keine Zeugnisse, keine Prüfungsprotokolle, überhaupt keine Akten mehr aus der Vorkriegszeit im Archiv der Schule, denn ein Teil des Gebäudes, dabei auch das Archiv, war zerbombt worden. Alle Akten waren verbrannt.

Im ersten Augenblick war Friedel ratlos. Dann aber fiel ihr ein, daß an dieser Schule ja noch einige Lehrerinnen und Lehrer tätig waren, die sie unterrichtet hatten. Die mußten sich noch daran erinnern können, daß sie, Friedel Müller, hier die Prüfung abgelegt und bestanden hatte. Also wandte sie sich an sie mit der Bitte, ihr eine entsprechende Bescheinigung auszustellen.

Das taten sie gern. In jenen Jahren, nach der Zerstörung so vieler wichtiger Akten, waren die Behörden den Umgang mit solchen Ersatzbeweisen gewohnt. Die Bescheinigung der Mainzer Lehrer wurde in Wiesbaden anerkannt.

Nun mußte Friedel noch die letzte Hürde nehmen, bevor sie den Kindergarten eröffnen durfte: Sie mußte sich »entnazifizieren« lassen.

Sie war Mitglied der NS-Frauenschaft und damit auch Mitglied der Partei gewesen, hatte allerdings nie irgendeine führende Funktion ausgeübt. Wie sollte sie beweisen, daß sie nur »Mitläuferin« gewesen war? Denn nur ohne braune Vergangenheit oder höchstens als ehemalige »Mitläuferin« durfte sie einen Kindergarten leiten.

Was ist ein »Mitläufer«? Einer, der einfach in der Herde mittrottet, ohne sich über die Hintergrundideologie Gedanken zu machen. Der mitläuft, weil es ihm persönliche Vorteile bringt – oder weil es einfach bequemer ist, sich dem allgemeinen Trend anzuschließen?

In diesem Sinn war Friedel *keine* Mitläuferin. Denn es war nicht ihre Art, sich aus Bequemlichkeit der Masse anzuschließen. Sie war immer ihren eigenen Weg gegangen, den, den sie für richtig hielt, gleichgültig, ob sie dadurch zu einer Außenseiterin wurde oder nicht. Und es entsprach auch nicht ihrem Stil, sich vor einer Entscheidung wie dieser, in die Partei einzutreten, zu fragen: Was für Vorteile bringt mir das?

Sie hatte sich sehr wohl mit der Naziideologie auseinandergesetzt, vor allem in lebhaften Diskussionen mit Siegfried, und hatte sie durchaus nicht unkritisch gesehen. Zum Beispiel fand sie die Prämiierung kinderreicher Mütter mit dem »Mutterkreuz« empörend. Es hätte nicht viel gefehlt, und sie hätte das Mutterkreuz, das ihr als kinderreicher Mutter verliehen wurde, zurückgewiesen. Nur weil Siegfried sie beschwor, keinen Skandal daraus zu machen, nahm sie es an. Grollend. Sie komme sich vor wie eine prämiierte Zuchtkuh, hatte sie unmutig geäußert.

Sie lehnte auch den Personenkult ab, der damals getrieben wurde. Und sie fand es nicht richtig, daß fast alle Naziorganisationen ihre Veranstaltungen und »Dienste« auch auf den Sonntag legten. Der Sonntag müsse der Familie gehören. Es empörte sie ungemein, wie die Nazis zum Beispiel mit Ostarbeitern oder russischen Kriegsgefangenen umgingen. Und das, was in der »Reichskristallnacht« geschehen war, empfand sie als großes Unrecht.

Aber in wesentlichen Punkten hatte sie sich doch mit dem Nationalsozialismus identifiziert, wenn sie auch nur ihrem Mann zuliebe in die Partei eingetreten war. Auch sie hatte gegenüber allen linken Parteien der Weimarer Republik große Vorbehalte, hatte die deutsche Nation für »wertvoller« gehalten als zum Beispiel die polnische, hatte die spartanische Erziehung der Nazis gutgeheißen, war einverstanden gewesen mit der Verherrlichung des bäuerlichen Lebens, empfand Picasso,

Marc, Klee noch immer als entartete Kunst und war noch immer voller Vorurteile gegen Juden.

Diesen Bereich ihrer Vergangenheit klammerte sie in ihren Gedanken vorerst noch aus. Die unbedingt nötige Trauerarbeit in dieser Richtung leistete sie erst viel später, als sie alt geworden und zur Ruhe gekommen war.

Wie so viele Menschen, die während der Naziherrschaft mitschuldig geworden waren, mied sie in den ersten Nachkriegsjahren dieses Thema auch in Gesprächen. Der Grund dafür war wohl, daß sie noch nach einem neuen Standort für ihre Weltanschauung suchte. Und aus diesem Grund machte sie seit dem Kriegsende um alles, was mit Politik zu tun hatte, einen großen Bogen.

Damals sah Friedel sich als unschuldig Notleidende. Die Mehrheit aller Deutschen sah sich so: als Opfer. War das ein Schutzmechanismus angesichts der ungeheuren Schuld Deutschlands, die erst im Lauf der Nachkriegsjahre in ihrem ganzen Ausmaß erkennbar wurde?

Friedel brauchte zwei Zeugen, die ihr bescheinigten, daß sie in der Hitlerzeit nur Mitläuferin gewesen war. Diese Zeugen fand sie. Der eine war der frühere Leiter des Landwaisenheimes in Veckenstedt, ihr ehemaliger Vorgesetzter. Er hatte all die Jahre, seit die Pausewangs 1924 das Heim verlassen hatten, mit ihnen in Briefkontakt gestanden. Da Friedel wußte, daß Theo Zollmann inzwischen ins Hermann-Lietz-Landerziehungsheim auf Schloß Bieberstein in der Rhön umgezogen war und noch immer dort lebte, konnte sie ihn ohne Schwierigkeiten erreichen.

Die zweite Zeugin war die ehemalige Klassenlehrerin von Friedels ältester Tochter. Mit dieser alten Dame

Die Rosinkawiese in Ostböhmen (1938). Oben auf dem Hügel verläuft die tschechisch-deutsche Grenze

Familie Pausewang während Siegfrieds Urlaub im Sommer 1942

Das Haus an der Waldstraße in Wiesbaden-Bierstadt (1947)

Friedels Zweite vor der umrankten Ruine im Winter 1950

Das Wartturm-Restaurant. Am 2. 2. 1945 durch Bomben zerstört

Friedel Pausewang (hinterste Reihe, vierte von links) und einige ihrer Kinder auf einer Wanderung mit dem Freideutschen Kreis

Die Kindergartenkinder beim Kasperletheater (1950)

Ausflug des Kindergartens nach Heimbach (1950). Im Hintergrund Märchenfiguren

So weit ist der Bau im Winter 1951/52

Der neue Kindergarten entsteht (Herbst 1951)

Der Neubau. Eingang von der Straße (1952). Rechts die Stufen zur Terrasse hinter dem Haus

Sommerfest auf der Terrasse des neuen Kindergartens (1952)

Das zweite Frühstück auf der Terrasse (1953)

Die Kindergartenkinder vor dem Heimweg (1953)

Familie Pausewang (1953)

Das Treffen der Großfamilie Pausewang im Sommer 1953

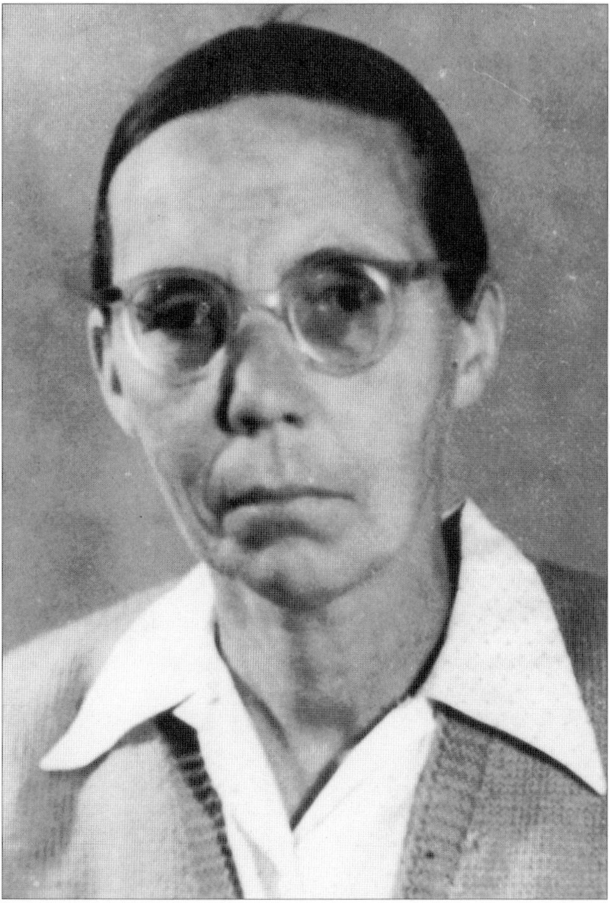

Friedel Pausewang (1953)

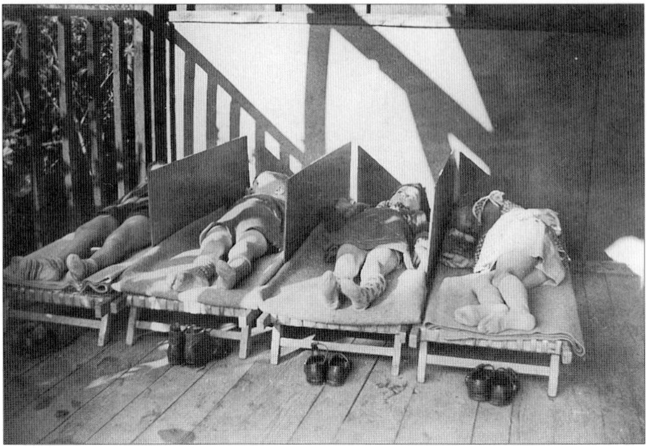

Kindergartenkinder beim Mittagsschlaf (1954)

Sommerfest im Kindergarten mit Kakao und Kuchen (1955)

Die Kindergartenkinder vor dem Wartturm (1958)

Orff-Musik im Kindergarten (1958)

Spiel auf der Wiese (1958)

Kreisspiel (1959). Im Hintergrund die neue Wippe

Auf der Osterwiese (1959)

Das Haus 1959. Rechts der Eingang, links (von den Ästen verdeckt) die Terrasse. Ganz unten, im Haussockel, sind die Fenster des Jungenzimmers und der Wohnküche

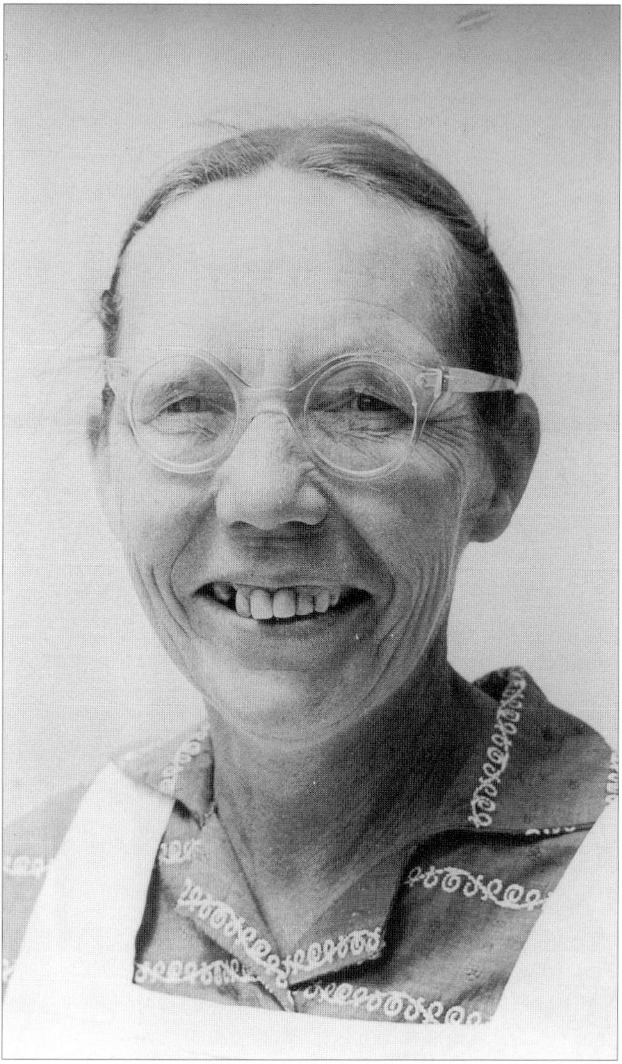

Friedel Pausewang (1959)

Der ursprüngliche Zustand des Jagdhauses in Hartershausen (1962)

Das Jagdhaus, nun schon aus- und umgebaut, im Winter 1974

verstand sie sich sehr gut, und »Frau Oberin«, wie sie genannt wurde, nahm regen Anteil am Entstehen des Kindergartens, zumal sie in der Nähe des Wartturms wohnte, und half später mit Sachspenden verschiedenster Art bei der Ausstattung der Kindergartenräume. Friedel erinnerte sich Zeit ihres Lebens mit großer Herzlichkeit und Dankbarkeit an sie.

Erleichtert nahm Friedel die letzte Hürde, die Entnazifizierung: Sie wurde als »Mitläuferin« eingestuft.

Ein Routinevorgang. Ein notwendiges Übel, Folge des verlorenen Krieges. Man riß Witze über das Groteske des »Entbräunens«. Nur sehr wenige sahen sich durch die Entnazifizierung veranlaßt, über ihre Rolle, ihre Mitschuld während des »Dritten Reiches« nachzudenken. Und zu trauern.

Aus nichts etwas machen – darin war sie groß!

Fritz Hache hatte inzwischen an der Ruine die notwendigen Reparaturen und Innenrenovierungen ausführen lassen. Die Kosten für diese Arbeiten hatte er vorerst selbst übernommen. Friedel zahlte sie ihm später zurück.

Die Räume waren also bezugsfertig.

Jetzt fehlte noch die Einrichtung. Vor allem ging es um Möbel für zwanzig Kinder zwischen drei und sechs Jahren. Für den Kauf fehlte Friedel das Kapital. Sie fragte in den städtischen Kindergärten an, ob dort nicht noch ein paar alte, ausrangierte Möbel im Keller oder auf dem Dachboden herumstanden.

Die Antworten waren negativ. Damals mußten ja alle Kindergärten mit einem denkbar knappen Etat auskommen. Da überlegte es sich jede Leiterin dreimal, bevor sie neue Möbel anschaffte.

Friedel kam auf die Idee, in ihrer alten Mainzer Schule anzufragen. Dem Kindergärtnerinnen- und Jugendleiterinnenseminar war ja auch ein Kindergarten angeschlossen. Es konnte doch sein, daß zufällig...

Hier wurde sie fündig. Ihre ehemaligen Lehrer boten ihr einen Stapel Kindergartenmöbel an, der bei ihnen im Keller stand: Bänkchen und Tischchen aus früheren Jahren, abgenutzt und schäbig und im Modellkindergarten der Schule nicht mehr erwünscht.

Friedel fuhr hin und sah sie sich an. Schön waren sie nicht, aber fürs erste würden sie noch gute Dienste tun.

Frau Oberin spendete Stoff für Vorhänge, ein paar alte Teppiche, die den Steinboden bedeckten, Kleiderhaken und ein paar Regale aus ihrem eigenen Haus. Der Kindergarten war nun einigermaßen möbliert.

Nun brauchte Friedel noch Spiel- und Beschäftigungsmaterial. Einiges bekam sie aus Mainz, anderes von befreundeten Familien aus dem Freideutschen Kreis, wieder anderes von Nachbarn. Auf vielen Dachböden lag noch altes Spielzeug herum. Eine Arztfamilie aus dem Kurviertel, die zufällig auch mit denselben Schweden befreundet war und mit der sich die Pausewangs vor der Währungsreform ein Fäßchen schwedischer Heringe hatten teilen sollen, spendete einen ganzen großen Waschkorb voll Spielsachen, denen ihr einziger Enkel inzwischen entwachsen war.

Von einem Schreiner ließ sich Friedel Holzabfälle in Würfel-, Stab-, Ziegel- und Pyramidenform geben. Ihre Jungen schmirgelten sie mit Sandpapier ab. Stöße von Altpapier, das mindestens auf der einen Seite leer war, und Stapel bunten Einpackpapiers hatte sie schon seit ihrer Ankunft in Wiesbaden für ihre eigenen Kinder zum Malen und Basteln gesammelt, ebenso Wollreste, Stoff- und Gummibänder, Korken und Knöpfe, Zahnstocher, Bierdeckel und dergleichen.

Friedel, die Pädagogin, maß der Phantasie große Wichtigkeit bei und hatte sie deshalb bei der Erziehung ihrer Kinder geweckt und gepflegt, so daß die sechs jungen Pausewangs nicht nur Phantasie im künstlerischen Sinn entfalteten, sondern darüber hinaus in Alltagssituationen mit Hilfe der Phantasie Lösungen fanden. Wozu, zum Beispiel, ließ sich altes, wertloses Material verarbeiten, verbasteln? Ein weites Feld für gute Ideen!

Die Anfangsausstattung war mehr als bescheiden. Aber Friedel war trotzdem überzeugt, daß ihr Kindergarten ein heiterer, ein fröhlicher werden würde.

Sie hatte sich während des ganzen Winters 48/49 in die neueste Kindergartenpädagogik vertieft, hatte einschlägige Bücher gelesen, unter anderem auch die Schulbücher ihrer zweiten Tochter, die ja das Mainzer Seminar besuchte. Sie hatte sich den Betrieb mehrerer städtischer und kirchlicher Kindergärten angesehen, hatte auch im Kindergarten des Kindergärtnerinnenseminars in Mainz hospitiert, hatte sich von ihren ehemaligen Lehrern beraten lassen. Nun fühlte sie sich gut vorbereitet und genügend kompetent für die neue Aufgabe.

Im zeitigen Frühjahr 1949 war alles fertig. Friedel setzte eine Art von Prospekt auf und schrieb ihn auf Haches Schreibmaschine mit vielen Durchschlägen ab. Ihre Älteste zeichnete auf jedes Blatt ein kleines, Kinder ansprechendes Motiv, ihre jüngeren Geschwister malten es mit Farbstiften aus.

Friedel ließ sich auf dem Einwohnermeldeamt von Bierstadt die Adressen von Familien aus der Umgebung des Wartturms geben, die Kinder im Kindergartenalter hatten. Die Prospekte wurden in Umschläge geschoben, die Umschläge adressiert, und die beiden Jüngsten liefen von Adresse zu Adresse und warfen die Briefe in die Briefkästen.

Nun sah Friedel voll Spannung den Anmeldetagen entgegen.

Ihr abenteuerliches Unternehmen ließ sich besser an, als sie zu träumen gewagt hätte: Als erster erschien ein Studienrat, der seine beiden Kinder anmeldete. Weitere Väter und Mütter folgten. Sie nahmen keinen Anstoß an den kleinen, primitiven Räumen. Viele Zeitgenossen wie die Pausewangs waren doch froh, wenn sie überhaupt ein Dach über dem Kopf hatten. Und daß die Umgebung des Kindergartens wunderschön war, konnte man mit einem bißchen Phantasie auch in dieser noch winterlichen Jahreszeit ahnen.

Die zehn Deutsche Mark, die Friedel anfangs als monatliches Honorar pro Kind für die Vormittagsbetreuung einschließlich des Samstags verlangte, erschien offensichtlich niemandem als zu teuer.

Schon nach knapp zwei Wochen hatte sie zwanzig Kinder zusammen. Weitere Anmeldungen konnte sie nur noch vormerken. Und später, während all der Jahre, in denen sie den Privatkindergarten betrieb, hat es ihr an Kindern nie gemangelt.

Friedel war glücklich. Nun hatte sie eine Arbeit gefunden, die ihr Freude machte und die sie beherrschte. Hier konnte sie nachmittags ihre Jüngsten bei sich haben. Hier war sie keinem Vorgesetzten Rechenschaft schuldig, hier konnte sie selbständig über Programm, Etat und pädagogischen Kurs entscheiden. Mit den Einkünften würde sie ihren Kindern eine gute Ausbildung finanzieren können. Sie erlaubte sich nun auch, von einer richtigen Wohnung zu träumen, näher beim Kindergarten. Denn sie mußte ja Tag für Tag von der Waldstraße aus fast zwei Kilometer zu Fuß wandern, oft schwer bepackt. Und nachmittags wieder die gleiche Strecke zurück.

Sie träumte von einer eigenen Wohnung, in der sie ihren Kindern nicht immer *»leise, leise!«* zuflüstern mußte, einer Wohnung, in der sich nicht immer alle im selben Raum aufhalten mußten. An ein richtiges Badezimmer wagte sie gar nicht zu denken. Aber vielleicht, vielleicht gab es da ein eigenes, kleines Schlafzimmer für sie?

Der Ruinenkindergarten

Alle Pausewangs hockten sozusagen in den Startlöchern, als der Kindergartenbetrieb anlief. Er war ja aus Teamarbeit entstanden. Alle hatten Mühe und Phantasie eingebracht – heute würde man sagen: investiert! –, und nun waren sie natürlich gespannt, ob und wie er funktionieren würde.

Er war vormittags von 8 bis 12, nachmittags von 14 bis 17 Uhr geöffnet. Die meisten Kinder kamen nur am Vormittag. Friedel hatte also anfangs für den Nachmittag noch freie Plätze. Da aber einige berufstätige Mütter von Schulkindern mit der Frage an Friedel herangetreten waren, ob sie nicht auch ihre Kinder nachmittags betreuen könne, entschloß sie sich, auch Grundschulkinder aufzunehmen. Der Betrieb war nun während der zweiten Tageshälfte ebenfalls ausgelastet.

Friedel ging ganz in ihrer Arbeit auf. Kurz nach der Eröffnung mußten die Pausewangs die erste Bewährungsprobe bestehen: das Osterfest. Sie bastelten daheim Osterkörbchen, bemalten sie mit lustigen Motiven, legten sie mit Moos aus, das die Jüngsten gesammelt hatten, bemalten Ostereier. Friedel lief mit ihrem älteren Sohn die »Osterwiese« ab – dieser Name blieb auch später an dem Grundstück haften – und suchte Verstecke für die Körbchen. Am nächsten Morgen brachte der Junge dann die Körbchen zu den vereinbarten Plätzen, kurz bevor Friedel mit den Kindergartenkindern kam und sie suchen ließ.

War das ein Gewiesel und Begeisterungsgeschrei! Friedels Sohn blieb diskret im Hintergrund und hielt anschließend eine Nachlese, so daß alle Kinder beglückt mit Osterfunden heimkehren konnten.

Ein handgebasteltes Pappkörbchen, ein paar billige Zuckereier – um diese Zeit spielte die Lebensmittelrationierung kaum mehr eine Rolle –, ein gefärbtes, hartgekochtes Hühnerei. Das war Anlaß zu freudiger Überraschung.

Als der Sommer kam, konnten die Kinder im Sandkasten spielen, den Friedel in den grün umrankten kleinen Hof hatte einbauen lassen. Während des »Freispiels« tobten sie unter den blühenden Kastanien herum. Friedel lehrte sie Kreis- und Fangspiele rund um den Wartturm oder auf einem der nahen Wiesenstücke. Sie ging mit den Kindern durch die Felder spazieren und machte sie auf Vorgänge in der Natur aufmerksam: auf Lerchengetriller und Kuckucksruf und wie von Spaziergang zu Spaziergang das Korn höher wuchs, wie die Obstbäume blühten und Frucht ansetzten, wie das Unkraut wucherte und rankte. Sie beobachteten Kühe auf der Weide, bliesen Löwenzahn-»Laternen« in den Wind. Es wurde nie langweilig.

Friedel veranstaltete auch ein Sommerfest: Unter den Kastanien vergnügten sich Eltern und Kinder – und die Pausewangs. Es gab Verlosungen, bei denen jedes Los eine Kleinigkeit gewann. Wettspiele zwischen Eltern und Eltern, aber auch zwischen Kindern und Eltern fanden statt. Zwei Vätermannschaften zogen am Tau, Mütter liefen mit einem Ei auf dem Löffel um die Wette. Väter schoben ihre Kinder in der Schubkarre oder trugen sie auf den Schultern ins Ziel, es gab Sackhüpfen und Topfschlagen, Blindekuh und »Bäumchen, wechsel' dich«. Und alle amüsierten sich köstlich.

Während des ersten Kindergartenjahres spielte sich langsam ein, was sich in den späteren Jahren zu festen

Bräuchen entwickeln sollte. Zum Beispiel ein festlicher Höhepunkt in jedem Monat. Da gab es außer den großen, auch daheim in den Elternhäusern gefeierten Festen wie Ostern und Weihnachten zum Beispiel einen Frühlingsausflug in den Taunus, ein Puppenfest, das Sommerfest, eine Rheinfahrt auf dem Schiff, Drachensteigen mit den Eltern, Kasperltheater, einen Laternenumzug im November: Höhepunkte nicht nur für die Kinder.

Friedels Älteste bastelte während ihrer Semesterferien ein komplettes Kasperltheater-Ensemble aus Papiermaché. Sie brauchte dazu nichts anderes einzukaufen als ein paar Tüten voll Tapetenkleister. In kleine Stücke gerissenes Zeitungspapier ergab, mit Kleister durchknetet, eine formbare Masse. Daraus entstanden die Köpfe der Protagonisten: Kasper, Seppel, Gretel, Großmutter, Hexe, Teufel, Räuber, Gespenst, Zauberer und Fee. An den Köpfen mußten hohle Hälse sein, damit man beim Spielen einen Finger in sie hineinstecken konnte. Und die Hälse mußten mit einem dicken, ringförmigen Wulst enden, um die Kostüme der Figuren befestigen zu können.

Die Älteste war auch für das Bemalen der Gesichter und das Anbringen der Perücken zuständig, während sich ihre Schwestern an der Herstellung der Kostüme – aus alten Stoffresten – beteiligten.

Manchmal spielte Friedel Kasperltheater, manchmal ihre Älteste. Die Stücke dachten sie sich meistens gemeinsam aus. In Kopfhöhe wurde eine Decke in die offene Tür gespannt, eine Handglocke bimmelte im Hintergrund, und schon konnte das Spiel beginnen.

Aber das Kindergartenprogramm bestand nicht nur aus Festen. Die Kinder lernten basteln und bauen, singen und friedlich miteinander umgehen. Sie lernten

Gedichte und Lieder, lernten die Uhrzeit vom Zifferblatt ablesen und vieles andere. Jeder Vor- und Nachmittag hatte seinen regelmäßigen Ablauf, den nur das Wetter etwas variierte.

Friedel hielt auch jeden Monat einen Elternabend ab, in dessen Mittelpunkt sie ein pädagogisches Thema stellte. Oft ging sie in der Gestaltung dieser Elternabende auf Elternwünsche ein. So wollten zum Beispiel Mütter gern die Lieder lernen, mit denen ihre Kinder heimgekommen waren. Oder sie wollten Bastelanleitung bekommen. Oder Fingerspiele für die Jüngsten lernen. Vor allem vor Weihnachten wollten viele Eltern hinsichtlich der Kindergeschenke beraten sein. Und so weiter.

Diese Elternabende wurden sehr gern angenommen. Und natürlich hielt Friedel regelmäßig Sprechstunden ab.

Die Eltern bestätigten ihr immer wieder, daß ihre Kinder gern in den Kindergarten kamen. Einige berichteten sogar, daß ihre Kleinen sonntags oft den geselligen Betrieb im Kindergarten vermißten, sich langweilten und den Montag herbeisehnten.

Leider besaßen die Pausewangs damals noch keinen Fotoapparat. Und auch viele der Eltern waren noch nicht wieder Besitzer dieses Statussymbols. Jedenfalls gibt es kein einziges Foto von Friedels Ruinenkindergarten. Damals war eben niemand darauf aus, Ruinen zu verewigen.

Weihnachtsstrapazen

Vor dem ersten Weihnachtsfest des Kindergartens war Friedel doch etwas nervös. Gewiß, es war eine schöne Adventszeit gewesen – mit Adventskranz und viel Heimlichkeit und Geschenke-Basteln und Liedersingen. Auch den Nikolaustag hatte sie mit Bravour bewältigt. Zwar hatte sie keinen Mann auftreiben können, der den Weihnachtsmann spielte. Männer waren nach dem Krieg rar, und Fritz Hache wehrte entsetzt ab, als sich die Frage stellte, ob *er* vielleicht...? Aber Friedel ließ sich einen Weihnachtsmann-Ersatz einfallen: Plötzlich erschien von oben, dirigiert von den beiden Pausewang-Jungen, die unsichtbar blieben, ein »Himmelskorb« vor dem Fenster. Die Kinder waren verblüfft. Friedel öffnete das Fenster, nahm den Korb in Empfang, trug ihn ins Zimmer und teilte an alle aus, was drin war: Gebäck, Äpfel und kleine Geschenke. Aufgeregt eilten die Kinder heim und berichteten: Ein voller Korb sei vom Himmel herabgeschwebt!

Aber die eigentliche Weihnachtsfeier war schwieriger zu organisieren. Eine Feier mit den Eltern in den kleinen Räumen der Ruine war ausgeschlossen.

Um einen Saal zu mieten, fehlte das nötige Geld. Friedel wandte sich an den Rektor der Bierstädter Grundschule, die ihre beiden Jüngsten besuchten: Ob er ihr für den Nachmittag des vierten Adventsonntags einen Klassenraum zur Verfügung stellen könne.

Der Schulleiter war guten Willens, durfte aber nicht allein über die außerschulische Benutzung entscheiden. Friedels Gesuch an das Schulamt wurde schließlich bewilligt.

Friedel schrieb Einladungen und teilte sie an die Kinder aus. Am Vormittag des vierten Adventsonntags halfen alle Pausewangs, den Klassenraum weihnachtlich herzurichten, die Tische hinauszutragen und Stühle aufzustellen. Kerzen wurden dort hingeklebt, wo ihre Flammen keinen Schaden anrichten konnten. Die beiden Jungen kokelten Fichtennadeln, damit es im Raum weihnachtlich duftete. Eine Fichte wurde in einen Ständer gerammt und geschmückt.

Die Kindergartenkinder kamen mit Eltern und Geschwistern, und auch eine ganze Anzahl von Großeltern war dabei. Der Schulsaal wurde rappelvoll.

Damals nahm man Weihnachtsfeiern noch etwas ernster als heute. Natürlich waren sie sentimental. Ohne Sentimentalität ist das deutsche Weihnachtsfest noch heute undenkbar. Aber eben weil noch kein Überfluß herrschte, ging's ein bißchen ehrlicher zu.

Es wurde gesungen, und Friedel begleitete die Sänger auf der Laute, die sie sich über den Freideutschen Kreis besorgt hatte. Die Laute aus ihrer Jugend, ihren Wandervogeltagen, war ja auf der Rosinkawiese geblieben.

Auch ein kleines kindliches Krippenspiel wurde aufgeführt. Die Pausewangs gehörten nicht der Kirche an, aber Friedel war der Meinung, daß das Weihnachtsfest samt dem Krippenspiel zum abendländischen Kulturgut gehöre.

Dann gab jedes Kind seinen Eltern ein Weihnachtspäckchen. Es enthielt ein im Kindergarten gebasteltes Geschenk.

Zum Schluß teilte Friedel den Kindern je ein Präsent des Kindergartens aus: einen Kreisel, einen kleinen Ball, einen Beutel Perlen zum Auffädeln, ein Puppenstubenpüppchen.

Auch am Vormittag des Heiligen Abends hielt Friedel ihren Kindergarten geöffnet, damit die Mütter ihre letzten Vorbereitungen ungestört treffen konnten. Erst nachdem mittags das letzte Kind abgeholt worden war, konnte sie heimgehen, um die eigene Weihnachtsfeier vorzubereiten.

Zu diesem Fest des Jahres 1949 wurden die Pausewangs reicher beschenkt als bisher, auch von dankbaren Eltern. Sie hatten lange auszupacken: Stoffe, Bettwäsche, Lebensmittel. Dinge, die sie gut brauchen konnten.

Auch ein Brief des Wiesbadener Oberbürgermeisters war am Heiligen Abend angekommen. Dazu gab es eine Vorgeschichte: Friedel hatte das Enkelkind eines Stadtrats in ihrem Kindergarten, ein liebes, fünfjähriges Mädchen. Der Großvater brachte es oft und holte es auch ab. Dabei hatte er Gelegenheit, Friedels Arbeit zu beobachten.

Nun schrieb der Oberbürgermeister, daß dieser Stadtrat ihm von Friedels Kindergarten erzählt habe. Dabei habe er auch erfahren, daß Friedel Kriegswitwe mit sechs Kindern und Flüchtling sei. Er verfüge über einen Fonds für besondere Härtefälle. Aus diesem Fonds übermittle er ihr einhundert Deutsche Mark.

Damals war das ein Wahnsinnsbetrag! Damit konnte sich Friedel ein paar dringende Anschaffungen für den Kindergarten leisten.

Sie schrieb dem Oberbürgermeister einen Dankbrief. Er beantwortete ihn: Falls sie in eine Notlage komme, solle sie sich an ihn wenden.

Friedel hob diesen Brief gut auf. Vielleicht würde sie ihn einmal brauchen können.

Atempause

Das Jahr 1949 war nun vorübergegangen: Die »Bundesrepublik Deutschland« war entstanden, Bonn zur provisorischen Hauptstadt ernannt, Heuß zum ersten Bundespräsidenten gewählt worden. Die ersten Bundestagswahlen hatten stattgefunden, Konrad Adenauer war nun Bundeskanzler.

Auch gab es nun eine »Deutsche Demokratische Republik«. Und der Nordatlantikpakt, der Europarat und die NATO waren gegründet worden.

Und die Pausewangs besaßen jetzt wieder ein kleines Radio.

Aber ihr Interesse am politischen Geschehen im In- und Ausland war mäßig. Friedel und ihre Älteste verhielten sich der Politik gegenüber mißtrauisch, empfanden sich als »gebrannte Kinder«. Die Gründung der Volksrepublik China quittierten sie mit einem Achselzucken. Was ging sie China an? Die Niederlande erkannten die Unabhängigkeit Indonesiens an. Na und? Das tangiert *uns* doch nicht. Explosion der ersten russischen Atombombe? Na wenn schon. Wir können ja doch nichts dran ändern.

Wie der Kindergartenbetrieb lief, wie die Noten in Schulen und Studium ausfielen, daß Hilde und Peter jetzt einen Bauplatz in Bierstadt an der Nauroder Straße erworben hatten und zu bauen begannen, war den Pausewangs viel wichtiger.

Ja, Fritz Hache baute für die Wegmanns ein kleines, aber bis in den letzten Winkel gut durchdachtes Haus zwischen Straße und weit sich hinziehende Felder, eingerahmt von einem kleinen Garten. Der Keller sollte als Werkstatt dienen, und sogar schon eine Garage war mit eingeplant.

Peter, nun fertiger Polsterer und Dekorateur, bereitete alles vor, um einen selbständigen Betrieb zu eröffnen. Und Hilde, so war geplant, sollte ihm in der Werkstatt nähen helfen und die Buchhaltung des Betriebs übernehmen. Sie war ja früher Sekretärin gewesen, und Nähen hatte ihr schon immer Spaß gemacht.

Bei den beiden herrschte nun Aufbruchstimmung und Optimismus, genau wie bei Friedel ein Jahr zuvor. Man kam wieder voran, richtete sich ein, fühlte sich nicht mehr wie ein Fisch auf dem Trockenen.

Der Kindergartenbetrieb war für die ganze Familie längst zum Alltag geworden. Das Team war aufeinander eingespielt. Traditionen, Gewohnheiten hatten sich bereits gebildet, der Reiz des Neuen, noch Auszuprobierenden, des Wagnisses war verflogen.

An Kindern gab es, wie gesagt, keinen Mangel. Die Eltern wußten ihre Kleinen gut aufgehoben. Die Warteliste wurde immer länger. Auch jüngere Geschwister der Kindergartenkinder wurden bereits vorsorglich angemeldet, so daß Friedel schon einen ungefähren Überblick über ihre Zöglinge im kommenden Jahr hatte. Kurz: Friedel sah keinen Anlaß, sich um den Kindergarten Sorgen zu machen.

In dieser ersten Zeit des Ruinenkindergartens entstand auf dem Osthang des Bierstädter Berges, etwa dreihundert Meter vom Kastanienwäldchen entfernt, eine amerikanische Wohnsiedlung, bestimmt für die Familien von Offizieren und Unteroffizieren der US-Armee.

Es waren langgestreckte, mehrstöckige, sehr nüchtern gestaltete Blöcke, die sich in rechtwinkligen Formationen, mehreren neuangelegten Straßen zugeordnet, auf dem Hang aneinanderreihten. Dieses »Ami-Viertel« wurde innerhalb weniger Monate sozusagen aus dem Boden gestampft. Das Gedröhn der schweren Lastwagen, der Kräne und Bagger und der Baulärm selbst störten den Betrieb des Kindergartens nicht. Zwischen ihm und dem neuen Viertel lag ein breiter Streifen von Wohnhäusern und Gärten, und auch eine große, alte Gärtnerei mit vielen Obstbäumen bewährte sich als Lärmschutz. Außerdem lag die Baustelle nicht dort, wo Friedel mit den Kindern spielte oder spazieren ging.

Daß sie später in eine sehr enge Beziehung zu dieser amerikanischen Siedlung treten würde, ahnte sie damals noch nicht.

Nach dem politisch aufregenden Jahr 1949 ging es 1950 in Deutschland etwas ruhiger zu. Die Lebensmittelrationierung wurde aufgehoben. Der Koreakrieg brach aus. Und die DDR entfernte sich immer weiter von der BRD.

Friedels Kinder werden älter

Friedels Kinder wurden älter. Nur noch der Jüngste besuchte die Grundschule in Bierstadt. Bald sollte er auf eine weiterführende Schule in der Innenstadt überwechseln. Die jüngste Tochter ging schon in ein Wiesbadener Mädchengymnasium, der ältere Sohn, jetzt dreizehn Jahre alt, besuchte weiterhin das Gymnasium in der Oranienstraße und machte seine Sache gut. Nur Latein fiel ihm schwer.

Die Drittälteste hatte inzwischen ihr Berufsziel geändert. Sie wollte nicht mehr Säuglingsschwester, sondern auch Kindergärtnerin werden. Dazu war sie vielleicht angeregt worden durch ihre nächstältere Schwester, vielleicht aber auch durch den Kindergartenbetrieb ihrer Mutter. Die Mittlere Reife, die ihr für dieses Berufsziel fehlte, konnte sie durch ein zusätzliches, der Kindergärtnerinnenausbildung vorausgehendes Jahr ersetzen, das Allgemeinbildung, Haushaltsführung und pädagogisches Grundwissen vermittelte.

So fuhr sie nun jeden Tag mit ihrer Schwester, deren Ausbildung zur Kindergärtnerin bald abgeschlossen sein würde, nach Mainz. Wenn die beiden Mädchen im Lauf des frühen Nachmittags heimkamen, erledigten sie – neben ihren Hausaufgaben – einen Teil der täglichen Hausarbeit, so daß Friedel nach dem Kindergarten nur noch zu kochen brauchte: das Abendessen und das Mittagessen für den kommenden Tag.

Dagegen war die Anlaufstation der drei Jüngsten nach dem mittäglichen Schulschluß nicht die Wohnung in der Waldstraße, sondern der Kindergarten. Dort wartete schon, auf einer elektrischen Kochplatte aufgewärmt, der Eintopf, dort machten sie ihre Hausaufgaben. Anschließend halfen sie im Kindergarten. Ihre Aufgabe war es vor allem, einen Teil der Kinder nach 17 Uhr heimzubegleiten, während Friedel die Kindergartenräume in Ordnung brachte.

Kinder heimbringen – das machten die Pausewang-Kinder nicht gerade gern. Vor allem der Jüngste hätte lieber gespielt. Mit seinen zehn Jahren war er ja kaum älter als die ältesten Kinder aus der Nachmittagsgruppe.

Aber er wußte, daß seine Mutter sich keine Hilfskraft leisten konnte, also auf seine und die Hilfe seiner Geschwister angewiesen war. Daß er viel Verantwortung trug, während er ein Kind oder mehrere Kinder über die breite, verkehrsreiche Straße führte, die Wiesbaden mit dem Vorort Bierstadt verband, war ihm bewußt. Er hatte seine Schützlinge immer »im Griff«. Das heißt, sie erkannten ihn als Autorität an.

Heutzutage könnte eine Kindergartenleiterin nicht mehr wagen, Kinder von einem Zehnjährigen Tag für Tag während der Rush-hour durch den Verkehr lotsen zu lassen. Der Junge hätte Mühe, die Kleinen beieinander zu halten. Sie dächten nicht daran, ihm zu gehorchen. Aber heute holen die meisten Eltern ihre Kinder im Wagen ab.

Im Wagen? Wer konnte sich in jenen Jahren schon einen eigenen Wagen leisten? So gut wie niemand. Nicht einmal der Opa, der Stadtrat war.

Und die Älteste? Ihr fehlte nur noch ein Jahr bis zum Abschluß ihrer Ausbildung. Im Studium lag ihr Schwerpunkt in der Bildenden Kunst und Literatur. Und ihr hatten sich im Studentenleben von Weilburg ganz neue, faszinierende Welten erschlossen. Als sie gegen Ende der Weihnachtsferien benachrichtigt wurde, daß der Beginn der Vorlesungen im neuen Jahr wegen Brennstoffmangels um eine Woche verschoben worden sie, weinte sie vor Enttäuschung. Sie hatte die Tage bis zum Wiederbeginn des Vorlesungsbetriebs gezählt!

Friedel reagierte verstört, wollte wissen, warum es ihr dort so gut gefalle. Ihre Tochter konnte den Grund nicht artikulieren. Sie brachte nur fertig zu sagen, daß dort alles »so anders« sei.

Zusammen mit einer anderen Kommilitonin aus Wiesbaden wohnte sie in einem kleinen Zimmer des als Studentenheim genutzten »Windhofs«, einem historischen Bau aus dem 18. Jahrhundert. Hatte er einmal als Orangerie gedient? Oder als Jagdhaus? Jedenfalls lag er malerisch hoch über der Stadt, umgeben von Feldern und Wäldern.

Natürlich ging es in diesem Studentenheim damals sehr bescheiden zu. Beide Flügel, der Studentinnen- wie der Studententrakt, hatten im Keller je einen großen Gemeinschaftswaschraum mit Reihen von Waschbecken. Immer zwei Leute teilten sich ein Becken. Der Duschraum wurde nur einmal pro Woche geöffnet. Dann gab's in beiden Flügeln unter den Brausen ein nacktes Gedränge.

Friedels Tochter störte das nicht. Hygienische Mindestversorgung war damals das Normale. Sie nahm auch keinen Anstoß an dem bescheidenen Mensa-Essen. Es war ja noch nicht allzu lange her, als sie froh gewesen war, wenn sie überhaupt etwas zu essen hatte.

Obwohl sie in Weilburg geradezu auflebte, sah sie in ihrer Familie doch weiterhin den Mittelpunkt ihrer Welt, und der Mittelpunkt ihrer Familie blieb nach wie vor ihre Mutter. Deren Wünschen kam sie meistens aus Zuneigung nach. Sie schrieb Gebrauchslyrik und Lieder für den Kindergarten, bastelte für ihn ein sehr arbeitsintensives Schattentheater, illustrierte Einladungen, stellte Gesellschaftsspiele, Ausschneidepuppen, Anschauungsmaterial her. Es bürgerte sich so ein, daß Kindergarteneltern bei Friedel Gedichte bestellten, die ihre Kinder bei Geburtstagen, zu Hochzeiten und Jubiläen vortragen sollten. Sozusagen maßgeschneidert. Die Tochter schrieb sie.

Das alles machte ihr vorerst noch Spaß. Was ihr inzwischen keinen Spaß mehr machte, war der Besuch der Veranstaltungen des Freideutschen Kreises. Auf den Wunsch ihrer Mutter hin schrieb sie zwar noch ein kleines – ziemlich kitschiges – Theaterstück, das Friedel mit den Kindern der Freideutschen einübte und vorführte. Aber sie selbst empfand immer klarer, daß diese etwas verstaubte Wandervogelwelt mit ihrer einseitigen Pflege alten Volksgutes, ihrer Ablehnung moderner Kunstströmungen, ihrem von Zöpfen und Dutten, weiten, handgewebten Röcken, Schillerkragen und Jesussandalen geprägten, in alten Traditionen verharrenden Erscheinungsbild, ihrem Klampfen- und Lagerfeuerkult nicht mehr die ihre war.

Außerdem hatten sich auch in diesem Kreis längst Hierarchien gebildet. Einige Mitglieder, von Beruf Geschäftsleute, hatten es schon wieder zu etwas gebracht: zu Ansehen, Wohlstand, Statussymbolen. Die Pausewangs fanden sich auf den alleruntersten Stufen dieser Wertskala, zumal sie ja auch nicht zu den Alteingesessenen gehörten.

Ein erstes Mal lehnte sich Friedels Älteste gegen ihre Mutter auf, als sie sich ihre Zöpfe, die sie bisher aufgesteckt im Nacken getragen hatte, abschneiden ließ und von nun an eine Dauerwellenfrisur trug. Da geriet Friedel in Panik.

Völlig unnötig. Ihre Älteste blieb trotzdem noch an

ihrer Leine. Das zeigte sich bald: Die Studentin, voller Sehnsucht nach der großen weiten Welt, hatte sich um ein einjähriges Stipendium an einem College in den USA beworben und hatte zu ihrer großen Überraschung und Freude eine Zusage bekommen. In Amerika sein! Endlich die engen Grenzen Deutschlands, die bisher »gewöhnlichen Sterblichen« verschlossen geblieben waren, überwinden können! Schon als Pennälerin, während des Krieges, als man höchstens als Soldat ins – zu besetzende oder besetzte – Ausland reisen durfte, hatte sie sich immer hinausgesehnt.

Aber Friedel redete ihr dieses Vorhaben aus, wahrscheinlich aus Angst, ihre Tochter könne in diesem so andere Akzente setzenden Kontinent, der den Nachkriegsdeutschen mit seinen Schlagern, Filmen und Kaugummis ein sehr einseitiges Bild von sich vermittelt hatte, schlechten Einflüssen ausgesetzt sein und ihnen vielleicht erliegen.

Die Tochter, gewohnt, sich mit der Meinung ihrer Mutter zu identifizieren, gab nach – und bereut das noch heute.

Neue Aufregungen

Der Ruinenkindergarten florierte. Friedel konnte die Ausbildung ihrer drei älteren Töchter bezahlen. Abgesehen von einer kleinen Beihilfe für Kriegswaisen aus kinderreichen Familien war es damals noch allein Sache der Eltern, die Ausbildung ihrer Kinder zu finanzieren. Von Bafög oder ähnlichen Ausbildungsbeihilfen wagte noch niemand zu träumen, auch nicht von Schulgeldfreiheit, ja nicht einmal davon, daß das Land den Eltern irgendwann einmal die jährlichen Kosten für die teuren Schulbücher abnehmen könnte.

Dank der Einnahmen aus dem Kindergarten war es Friedel jetzt auch möglich, ihrem Stiefvater die von ihm für die Ruinenreparatur vorgestreckte Summe zurückzuzahlen. Und die jahrelange Warterei auf die endgültige Regelung und Festsetzung ihrer Kriegshinterbliebenenrente konnte sie nun gelassener durchhalten. Bisher hatte sie ja immer nur eine Art Abschlagszahlung bekommen.

Die Existenz der Familie Pausewang war also – in bescheidenem Rahmen – gesichert.

Aber zwei Jahre nach der Eröffnung des Ruinenkindergartens, also im Frühjahr 1951, erhielt Friedel wieder ein Schreiben der Stadt. Sein Inhalt schlug wie ein Blitz ein: Friedel wurde aufgefordert, die Ruine innerhalb eines halben Jahres zu räumen.

Sie fiel aus allen Wolken. Diese Gefahr hatte sie einfach verdrängt.

Was nun? Sie hatte sich ja vertraglich verpflichten müssen, diese Räumlichkeiten zurückzugeben, sobald die Stadt das wünschte. Und wenn sie vielleicht auch eine Verschiebung des Termins würde erwirken können – an der Tatsache, daß sie sich für ihren Kindergarten eine neue Bleibe suchen mußte, würde das nichts ändern.

Sie sprach mit ihrem Stiefvater, der – aus Altersgründen – schon seit längerem nicht mehr Stadtbaurat war, sondern nur noch als freier Architekt arbeitete. Und das nach wie vor mit Lust.

Er brauchte nicht lange nachzudenken. »Wir bauen eben«, sagte er heiter.

Schön und gut. Aber Bauen kostet viel Geld.

Da gab es noch einen alten Wüstenrot-Bausparvertrag, den Friedel zum Glück mit auf die Flucht genommen hatte. Siegfried und sie hatten ihn kurz vor Kriegsbeginn abgeschlossen, weil sie mit dem Gedanken gespielt hatten, später, wenn die Kinder heranwachsen und mehr Raum beanspruchen würden, das kleine Haus auf der Rosinkawiese zu vergrößern – vielleicht durch einen Anbau. Eisern hatte Friedel die fälligen Beiträge auch in den schlimmsten Zeiten eingezahlt, um den Vertrag nicht verfallen zu lassen.

Dieser Bausparvertrag war jetzt zuteilungsreif geworden. Es war eine bescheidene Summe, aber so hatte Friedel wenigstens einen Grundstock. Und für Pläne und Bauleitung würde sie ihrem Stiefvater nichts zu zahlen brauchen.

Fritz Hache klapperte auf der Suche nach einem Bauplatz die entsprechenden Ämter ab und sah sich die wenigen Grundstücke an, die noch im Besitz der Stadt waren und so lagen, daß sie für den Kindergarten in Frage kamen. Das hieß, sie mußten in der Nähe des Wartturms liegen, weil Friedel »ihren« Eltern ja keine kilometerweiten Anmarschwege zumuten konnte – und den noch so jungen Kindern schon gar nicht.

Oder sollte sie etwa ihre Kundschaft im Stich lassen und in ein ganz anderes Viertel ziehen, nachdem sich der ganze Betrieb eingespielt und sich zwischen ihr und den Eltern ein solches Vertrauensverhältnis entwickelt hatte?

Die städtischen Bauplätze waren wegen ihrer moderaten Preise natürlich sehr begehrt. Da hieß es, sich schnell zu entscheiden.

Ein Grundstück, das Fritz Hache besichtigt hatte, gefiel ihm wie auch Friedel. Es lag etwa hundertfünfzig Meter vom Ruinenkindergarten entfernt, in einer schmalen, kurzen Sackgasse, die von der Wartestraße abging und keinen eigenen Namen besaß, sondern als Appendix dieser breiten Kastanienallee galt, die von der verkehrsreichen Bierstädter Straße, steil ansteigend, bis zum Kastanienwäldchen auf der Kuppe des Bierstädter Berges führte. Dieser Bauplatz, ehemals Teil der alten Gärtnerei, grenzte an deren Garten und an die Gärten einiger Wohnhäuser und war eine einzige grüne Wildnis.

Und er war noch zu haben.

Aber der Preis! Obwohl für die damaligen Verhältnisse relativ billig, konnte Friedel ihn nicht bezahlen. Oder sie konnte ihn erwerben, dann aber nicht mehr bauen.

Fritz Hache erfuhr, daß man in Ausnahmefällen einen städtischen Bauplatz auch in Erbpacht, also für 99 Jahre bekommen konnte. Friedel witterte eine Chance. Sie stellte einen Antrag.

Und dann geschah erst einmal gar nichts.

Man kann nicht bauen ohne Bauplatz

Die Zeit drängte. Woche um Woche verrann. Fritz Hache entwarf inzwischen den Bauplan. Friedel saß abends neben ihm, wenn er am Zeichenbrett arbeitete, und sie überlegten alles gemeinsam. Zwei Prinzipien durften sie dabei nie außer acht lassen: Das zukünftige Haus mußte so zweckmäßig wie möglich gestaltet und die Baukosten mußten so niedrig wie möglich gehalten werden.

Kein Haus. Ein Häuschen nur, kaum größer als der Winzling an der Waldstraße. Es würde zwei Zwecken dienen müssen: Es sollte den künftigen Kindergartenbetrieb beherbergen und gleichzeitig den Pausewangs eine einigermaßen menschenwürdige Wohnung bieten.

Dieses Ziel war – bei gleichzeitiger Niedrighaltung der Baukosten – kaum zu erreichen. Ohne Abstriche ging es nicht. Obwohl es nur ein kleines Haus werden durfte, würde Friedel trotzdem jahrzehntelang Schulden abzahlen müssen.

Wieder ein Haus am Hang, wie das Waldstraßenhäuschen, und wieder mit drei Stockwerken: ein Souterrain, ein Hochparterre, ein Dachgeschoß mit abgeschrägten Wänden unter einem spitzen Giebel. Haches Wohnhäuser ähnelten einander durch ihren ganz ausgeprägten Stil. Auch das kleine Haus der Wegmanns an der Nauroder Straße in Bierstadt verriet sofort, wer sein Architekt gewesen war.

Die mittlere Etage sollte ganz für den Kindergartenbetrieb reserviert bleiben: zwei geräumige Zimmer mit

Blick in den Garten und je einer Tür auf die große Terrasse hinaus, die sich an die Südseite des Hauses anschließen sollte. Außerdem ein kleines Zimmer mit Friedels Bett, einem Aktenschrank und einem Schreibtisch. (Die Möbel existierten erst in Friedels Phantasie.) Hier wollte sie Eltern empfangen und mit eventuellen späteren Angestellten ungestört sprechen können, auch ihre schriftliche Arbeit erledigen.

Im Dachgeschoß waren drei Schlafräume geplant.

Das Souterrain sollte die Wohnküche mit einer Speisekammer, einem Raum für die beiden Jungen, eine Toilette, eine Waschküche mit der Zinkbadewanne und einen Vorratsraum für Kartoffeln, Winterobst, Gemüse, Heiz- und Verpackungsmaterial enthalten.

Sehnlichst wünschte sich Friedel ein Badezimmer. Aber Bau und Installation eines Bades waren zu teuer. Allerdings wollte ihr Stiefvater das Haus so bauen, daß ein späterer Einbau eines Badezimmers möglich sein würde.

Und nun reichte Fritz Hache die Pläne ein.

Die ganze Aktion hatte viel Ähnlichkeit mit einem Glücksspiel. Denn die Baupläne waren diesem speziellen Grundstück angepaßt. Würde Friedels Antrag auf Genehmigung der Erbpacht abgelehnt werden, waren auch diese Pläne Makulatur.

Nervenaufreibendes Warten begann. Und die Zeit wurde immer knapper. Die Sache mit dem Bauplatz wollte und wollte nicht vorangehen, trotz aller Mahnbriefe, Rückfragen und Vorsprachen.

Währenddessen brachte Friedel noch einen dritten Antrag auf den Weg: Sie suchte auf dem Ausgleichsamt um die Bewilligung eines Darlehens »zwecks Existenzaufbau« an. Als Vertriebene und Kriegshinterbliebene mit sechs Kindern standen ihre Chancen gut.

Wohl ist es möglich, mit einem Hausbau zu beginnen, bevor das dafür beantragte Darlehen genehmigt ist. Man kann auch zu bauen anfangen, ohne auf die Genehmigung der Baupläne zu warten – was allerdings unangenehme Konsequenzen nach sich ziehen kann. Nicht aber kann man bauen ohne Bauplatz!

Tag um Tag verstrich, und nichts geschah. Friedel wurde immer nervöser. Sie würde es nicht schaffen, bis zu dem vorgegebenen Räumungstermin neue Kindergartenräume für einen kontinuierlichen weiterlaufenden Betrieb bereit zu haben. Einige Mütter waren berufstätig, sie *mußten* ihre Kinder irgendwo unterbringen können!

Da kam ihr ein Gedanke: Sie erinnerte sich an den weihnachtlichen Briefwechsel mit dem Oberbürgermeister der Stadt. Diese Korrespondenz lag nun schon einige Zeit zurück, aber so lange nun auch nicht, als daß er sie schon vergessen haben konnte. Und so schrieb sie ihm, nahm ihn beim Wort, schilderte ihm ihre Lage und bat ihn zu veranlassen, daß ihr Gesuch um diesen Erb-Bauplatz schnellstmöglich wohlwollend geprüft werde.

Nur drei Tage später erhielt sie den Bewilligungsbescheid.

In aller Eile ließ Fritz Hache die Ausschachtungsarbeiten anlaufen, noch bevor die Baupläne genehmigt waren. Aber nach ein paar Tagen kam auch dieser Brief an. Kurz darauf war die Zusage für das Darlehen da.

Jetzt konnte es losgehen.

Erste Umzugsetappe

In nur drei Wochen ließ Fritz Hache den Rohbau hochziehen. Und wieder eine Woche später war auch das Dach fertig. Jetzt galt es, das mittlere Geschoß mit den Kindergartenräumen und die Toilette im Keller so schnell wie möglich fertigzustellen. Denn es blieben Friedel nur noch wenige Wochen, bis sie den Ruinenkindergarten geräumt haben mußte. Zum Zeitpunkt des Umzugs mußten die neuen Räumlichkeiten bewohnbar und heizbar sein, mußte die Toilette funktionieren. Alles andere konnte warten.

Aber wie das beim Bauen so ist: Verzögerungen waren unvermeidbar. Mal wurde ein Handwerker krank, der sich nicht so rasch ersetzen ließ, mal wurde das bestellte Material nicht termingerecht geliefert. Es blieb Friedel nichts anderes übrig, als um eine sechswöchige Verschiebung des Räumungstermins zu bitten. Diese Frist wurde ihr – nachdem sie ihre Lage geschildert hatte – gnädig gewährt. Allerdings wurde sie darauf hingewiesen, daß eine nochmalige Fristverlängerung nicht in Frage komme.

Sechs Wochen Aufschub – Friedel fühlte sich wie erlöst, und ihr Stiefvater kam zwei- bis dreimal pro Tag, um den Bau voranzutreiben.

Trotzdem reichte die Frist nicht. Friedel mußte den Betrieb notgedrungen zwei Wochen lang schließen. Der Grund dafür war diesmal nicht der Bau. Die mittlere Etage, die den Kindergarten beherbergen sollte, und auch die Toilette waren fristgerecht fertig geworden. Aber Friedel durfte die neuen Räume erst benutzen, nachdem sie vom Sozialamt begutachtet und für den Betrieb eines Kindergartens freigegeben worden waren. Die Begutachter ließen auf sich warten.

Es ging auf den Winter zu. Im Spätherbst war es leichter als im Frühjahr oder Sommer, vom Ruinenkindergarten Abschied zu nehmen. Da grünte, rankte und blühte nichts um die Trümmer, da wurde die ganze nackte Häßlichkeit der Ruine sichtbar. Eines späten Novembertags, als der Betrieb schon im Neubau stattfand, kam ein Bagger dröhnend die Wartestraße heraufgerollt. Ihm folgten schwere Lastwagen. Drei Tage später war von Ruine und Trümmerberg nichts mehr zu sehen. Alles war eingeebnet, als habe hier nie ein Gartenrestaurant mit einem Toilettentrakt gestanden, als habe hier nie ein kleiner Kindergarten ein Zuhause gefunden. Nur noch eine schwerbeschädigte alte Kastanie zeugte von dem Bombenabwurf.

Erwartungsvoll betraten die Kindergartenkinder ihre neuen Räume. Das Geländer der Freitreppe von der Straße zur Haustür hinauf war festlich geschmückt mit Bändern und bunten Luftballons. Der Einzug in die Wartestraße 25 wurde natürlich entsprechend gefeiert. Aber nach ein paar Tagen war den Kleinen alles Neue schon altgewohnt.

Noch lange, nachdem der Betrieb in den neuen Räumen begonnen hatte, arbeiteten die Handwerker in den übrigen Räumen des Hauses weiter. Denn auch die Familie wollte ja so schnell wie möglich hierher umziehen, schon allein wegen des langen Weges von der Wald- zur Wartestraße. Der Baulärm störte manchmal den Ablauf des Kindergartenbetriebs. Andererseits bekamen die Kinder oft Gelegenheit, den Handwerkern zuzusehen.

Die Kleinen hatten jetzt in ihren Räumen viel mehr Bewegungsfreiheit. Sie mußten sich nicht mehr – wie in der Ruine – aneinander vorbeidrücken, wenn sie »ihr« Stühlchen erreichen wollten. Sie konnten ihre Puppensachen, ihre Bauklötze auf dem Fußboden ausbreiten und bei schlechtem Wetter in den Räumen Kreisspiele machen.

Nur der Gang auf die Toilette war hier etwas komplizierter als in der Ruine: Grüppchen um Grüppchen wurde hinuntergeleitet in den Keller, wo unter der Betontreppe die Toilette lag. Die Betreuerinnen mußten die Kinder immer wieder dazu anhalten, sich am Geländer festzuhalten, einer simplen runden Eisenstange, nicht dicker, als daß eine Kinderhand sie umklammern konnte.

Eine solche Anlage hätte in einem heutigen Kindergarten nicht die geringste Chance, genehmigt zu werden. Für so viele Kinder eine einzige Toilette, die noch dazu auch von den Pausewangs privat benutzt wurde!

Noch herrschte Not in Deutschland.

Zweite Etappe in Etappen

Dieses Jahr 1951 war nicht gerade langweilig gewesen, weder im Kleinen noch im Großen. Der Bundesgrenzschutz war aufgestellt worden, die Bundesrepublik übte nun die Paßhoheit aus. Die Westmächte beendeten formell den Kriegszustand mit Deutschland. Bisher hatte ja nur Waffenstillstand geherrscht. In San Francisco wurde der Friedensvertrag zwischen Japan und den USA geschlossen, und in Korea wütete Krieg.

Mit Ende des Sommersemesters hatte Friedels Älteste ihre Ausbildung beendet. Nachdem sie sich in Wiesbaden mit Erfolg um eine Anstellung an einer der städtischen Schulen beworben hatte, übernahm sie ein drittes Schuljahr an einer Mädchenvolksschule. Das waren 56 neunjährige Schülerinnen. Kollegen und Kolleginnen gratulierten ihr zu der »kleinen« Klasse. Die meisten Klassenverbände umfaßten damals noch mehr Schüler.

Auch die Zweitälteste war nun mit ihrer Ausbildung fertig. Es ergab sich wie selbstverständlich, daß sie als Kindergärtnerin im Kindergarten ihrer Mutter mitarbeitete. Für Friedel bedeutete dies eine große Hilfe. Nun konnte sie mehr Kinder aufnehmen und diese in zwei selbständigen Gruppen zusammenfassen.

Vorerst mußten die Pausewangs noch in der Waldstraße wohnen bleiben. Nur die Älteste hatte sich in der Wartestraße vorübergehend ein möbliertes Zimmer genommen, bis sie in den Neubau würde einziehen können. Von dieser provisorischen Bleibe bis zum neuen Haus waren es nur ein paar Schritte.

Die Wochenenden verbrachten die Pausewangs allerdings schon im Neubau. Das ergab sich von ganz allein, denn hier war mehr Platz. Kaum schloß samstags mittags der Kindergartenbetrieb, wurden die beiden großen Räume für den Pausewangschen Familienbetrieb umfunktioniert: Die aufeinandergestapelten Stühlchen und Tische schob man an eine Wand, Friedels Arbeitstisch in die Mitte – und schon machten die Jüngsten hier ihre Hausaufgaben, nähten, stopften oder strickten die Ältesten, und Friedel erledigte Schreibarbeit für den Kindergarten. Erst spät am Abend kehrten sie in die Waldstraße zurück, und die Älteste lief hinüber in ihr Zimmer im Dachgeschoß einer Villa aus der Gründerzeit.

Ein Provisorium, das nur in der Hoffnung auf eine baldige Änderung zu ertragen war. Fritz Hache tat sein Möglichstes, um es schnell zu beenden.

Auch ihr Privat-Weihnachtsfest feierten die Pausewangs schon im Neubau. Hier war genug Platz für den Baum, für die Geschenke. Auf einer Doppelkochplatte ließen sich heiße Getränke zubereiten. Nach der Bescherung wanderte Friedel mit ihren Kindern in die Waldstraße und feierte dort noch einmal mit den Haches und Wegmanns.

An den Wochentagen verbrachten die Pausewangs die Abende noch in der alten Wohnung, denn es lohnte sich nicht, nur für die wenigen Abendstunden die Möbel umzustellen und vor dem Fortgehen die Räume für den Kindergartenbetrieb am nächsten Morgen zu kehren und zu wischen.

Im Lauf des Februars 1952 wurden dann die Privaträume im Dachgeschoß und Souterrain des Neubaus fertig. Die bescheidene Einrichtung aus der Waldstraße langte natürlich nicht für eine komplette Möblierung der neuen Räume. Was fehlte, ließ Fritz Hache von einem Schreiner aus simplem Fichtenholz nach Maß arbeiten. Zu einem für heutige Verhältnisse lächerlichen Preis.

Einige Möbel ersteigerte die Älteste auf Wiesbadener Auktionen. Zum Beispiel einen Massivholz-Ausziehtisch für drei Mark, eine sehr schön gearbeitete Kommode aus Eschenholz für fünf Mark. Heutzutage, gut restauriert, wäre sie wohl zweitausend Mark oder mehr wert.

Im übrigen hatte Hache in jede Nische, jede Dachschräge nützliche Wandschränke und Regale einbauen lassen. Eine seiner Spezialitäten: alle Räume optimal auszunutzen.

Endlich war es soweit, daß die Pausewangs in den Neubau einziehen konnten. Ein kleiner Lastwagen transportierte ihre wenige Habe aus der Wald- in die Wartestraße. Hier war jetzt ihr viertes Zuhause innerhalb von sieben Jahren. Für mehr als zehn Jahre sollte es das bleiben.

Kaum war im zeitigen Frühjahr die große Terrasse fertig, begannen die Pausewangs, den Garten zu planieren. Er sollte in zwei Ebenen angelegt werden. Auf dem oberen Plateau, das in einer steilen Böschung endete, spielte sich der Kindergartenbetrieb ab. Dort standen, neben der Terrasse, ein paar alte Obstbäume, die ehemals zur Gärtnerei gehört hatten. Die andere Schmalseite der Terrasse wurde von einem offenen Schuppen begrenzt, in dem die Garten- und Spielgeräte aufbewahrt wurden und die Wäscheleinen gespannt waren.

In diesem geräumigen Holzhäuschen, das bald von wildem Wein umrankt war, hielten die Kinder, die auch nachmittags oder die ganze Woche über dablieben, ihren Mittagsschlaf auf Liegestühlen. Da sie aber, wenn sie dicht nebeneinanderlagen, unruhig waren und schlecht einschliefen, ließ Friedel von einem Schreiner leichte Hartfaserplatten schneiden, die zwischen die Liegestühle geschoben wurden. Nun konnten die Kinder sich nicht mehr gegenseitig sehen und stören und kamen so zu ihrer notwendigen Mittagsruhe. Danach wurden die Liegestühle zusammengeklappt und gestapelt, die Platten drübergelegt.

Über eine zweite Böschung führte zu beiden Seiten des Hauses je eine Treppe auf die untere Ebene hinunter, die Friedel gärtnerisch zu nutzen gedachte. Hier wollte sie Obst und Gemüse anbauen. Rund um das Anwesen pflanzte sie eine Buchenhecke.

Nein, eine Rosinkawiese war das neue Anwesen nicht. Dazu fehlte die Größe, die Weite, die Einsamkeit, die enge Verbindung mit der Natur. Aber knapp sieben Jahre nach der Stunde Null wieder ein solches Zuhause zu besitzen, war Grund genug, sich glücklich zu fühlen – und dankbar.

Siegfried hätte sich hier allerdings nicht wohl gefühlt. Darüber machte sich Friedel keine Illusionen. Ihm wäre die Großstadt zu nahe gewesen, und die Heimat, die unerreichbare, zu fern.

Eine Nummer größer

Friedel strukturierte den ganzen Kindergartenbetrieb um. Sie konnte Kinder nun auch ganztägig behalten. Mittags reichte sie eine einfache, aber gesunde Mahlzeit. Einige Kinder berufstätiger Mütter nahm sie sogar ganz in Pflege. Sie wurden erst am Samstagnachmittag abgeholt und am Sonntagabend wieder gebracht.

In den Kindergarten nahm Friedel jetzt nur noch Kinder ab dem vollendeten vierten Lebensjahr auf. Damit wurde die Betreuung wesentlich leichter.

Zunehmend wurden auch Kinder aus dem amerikanischen Neubauviertel angemeldet. Das war für Friedel eine ganz neue Erfahrung. Manche amerikanische Mütter schätzten die deutsche Kindergartenpädagogik und zogen es vor, ihre Kinder in deutsche statt in amerikanische Kindergärten zu schicken, obwohl die Betreuung der Kinder amerikanischer Armeeangehöriger kostenlos angeboten wurde.

So erzog Friedel in ihrem Kindergarten jahrelang deutsche zusammen mit amerikanischen Kindern. Manchmal gesellten sich auch andere Nationalitäten hinzu: zum Beispiel die beiden Söhne eines persischen Teppichhändlers und ein kleiner Schweizer.

Durch Zufall war nach der Aussiedlung der Sudetendeutschen auch Siegfrieds Cousine Olga mit ihrer Tochter Hilde in Bierstadt gelandet. Olga kam lange Zeit jeden Tag und kochte für Friedels Familie und die Kindergartenkinder, die tagsüber dablieben, das Mittagessen. Tochter Hilde, auch Kindergärtnerin, vertrat Friedel, wenn die auf eine Behörde, zum Arzt oder Zahnarzt gehen mußte. Friedel war froh, zuverlässige

Leute im Hintergrund zu wissen, die sie, wenn es nötig war, als Hilfe oder Vertretung einsetzen konnte. Und sie stellte eine fünfzehnjährige Schulabgängerin ein, die die Kinder abholte und heimbegleitete und dazwischen im Kindergartenbetrieb half. Natürlich begrüßten ihre drei Jüngsten diese Änderung und genossen es, ihre Freizeit nun nach ihren eigenen Wünschen gestalten zu können.

Friedel hatte jetzt auch ein Telefon. Das bedeutete für sie zwar einen finanziellen Luxus, ersparte aber eine Menge Arbeit. Vieles, was sie früher den Kindern schriftlich mitgeben mußte, konnte sie jetzt mit einem kurzen Anruf erledigen. Auch manche Behördengänge erübrigten sich durch einen Anruf. Allein schon wegen des nun viel regeren Kontakts mit den Eltern hatte sich diese Anschaffung gelohnt.

Im Verlauf des Frühjahrs und Sommers erwies sich die große Terrasse als überaus praktisch. An schönen Tagen spielte sich hier der gesamte Kindergartenbetrieb ab. Die Tische und Stühle wurden einfach hinausgestellt. Hier wurde gefrühstückt und zu Mittag gegessen, hier fand die Freispielstunde statt, in der jedes Kind spielen durfte, was es wollte, hier war reichlich Platz für Kreisspiele, hier konnten sich Eltern jederzeit im Hintergrund niederlassen und zuschauen.

Im Lauf des Frühjahrs hatte Fritz Hache auch noch einen großen Sandkasten neben der Terrasse anlegen lassen, und Friedel hatte Schaukel und Wippe angeschafft. Später kamen noch andere Schaukeln dazu.

Friedel und ihre Tochter nutzten aber auch weiterhin mehrmals pro Woche das Kastanienwäldchen als Spiel- und Tummelfläche für die Kinderschar, zumal es ja auch nur ein paar Schritte vom neuen Kindergarten entfernt lag. Und weiterhin gab es Spaziergänge ins Gelände, wurden die Ostereier auf der »Osterwiese« versteckt, wurde auf den Hangwegen, auf denen kein Verkehr stattfand, gerodelt.

Über solche idealen Möglichkeiten, innerhalb kürzester Zeit zwischen Wiesen und Feldern zu sein, verfügten die Kindergärtnerinnen der Innenstadt nicht. Friedel nutzte diese Nähe zu grüner, unverbauter Landschaft und üppigem Auslaufterrain ausgiebig. Die engen Bindungen des Kindes an die Natur war ein wichtiger Bestandteil ihrer Pädagogik.

Die Qualität von Friedels Kindergarten sprach sich herum. Nun wurden auch Kinder aus der Innenstadt heraufgebracht, manche von ihnen schon in Autos. Friedel konnte das Honorar allmählich erhöhen. Trotzdem blieb sie noch immer unter dem Satz, der damals allgemein in Privatkindergärten üblich war. Allerdings halfen die begüterteren Eltern oft mit freiwilligen Spenden bei Anschaffungen. Zum Beispiel die Schaukel auf der Terrasse und auch Turngeräte schaffte sie mit Hilfe von Spenden an. Und musikbegeisterte Eltern ermöglichten ihr sogar, ein kleines Sortiment von Orff-Musikinstrumenten für den Kindergartengebrauch zu erstehen.

Darüber freute sich Friedel ganz besonders. Sie empfand die Orff-Schulmusik als eine pädagogische Offenbarung. Jedesmal, wenn das Radio Orff-Musik übertrug, ließ sie alles stehen und liegen und lauschte. Bald musizierte sie fast jeden Tag mit den Kindergartenkindern. Und über die Wochenenden »orffte« sie auch mit ihren Söhnen und Töchtern. Denen machte das ebenfalls Spaß.

Zum Weihnachtsfest 1952 bekam sie von ihrer Ältesten ein Spinett geschenkt, zusammengespart vom selbstverdienten Geld. Das hatte sie sich schon immer gewünscht. Für Barockmusik war es ideal geeignet, speziell als Begleitinstrument für Flöten. Dieses Instrument begleitete Friedel bis in ihr hohes Alter hinein, obwohl es von ihr oder ihrer Ältesten – eine Eigentümlichkeit des Spinetts – vor jeder Benutzung gestimmt werden mußte.

Nun konnte Friedel auch daran denken, sich neue Kindergartenmöbel zu leisten. Die waren dringend nötig, denn die alten Mainzer Möbel waren nun schon sehr abgenutzt. Sie gab sie der Mainzer Schule zurück und schaffte stabile, den neuesten pädagogischen und medizinischen Erkenntnissen entsprechende Kindergartenmöbel an. Der allmähliche wirtschaftliche Aufschwung, der jetzt in Westdeutschland spürbar wurde, zeigte sich auch in Friedels Kindergarten.

Friedel empfängt wieder Gäste

Die Pausewangs besaßen nun eine weit bessere Bleibe als die meisten Flüchtlinge und Ausgesiedelten in diesen Nachkriegsjahren, die immer noch in oft elenden Mietwohnungen hausten.

Friedel freute sich, daß sie jetzt wieder in der Lage war, Gäste über Nacht einzuladen. So kam über ein Wochenende im Sommer 1952 die ganze Pausewang-Verwandtschaft: Siegfrieds ältere Brüder Rudi und Fritz mit ihren Familien, seine einzige Schwester Laura mit ihrem Mann, seine verwitwete Schwägerin Olga. Außerdem erschienen noch zwei Cousinen von ihm mit ihren Familien und mehrere Großcousinen und -cousins. Einige der Verwandten schliefen bei Olga und Hilde in Wiesbaden, andere bei Fritz und seiner Familie in Rüsselsheim, der Rest bei Friedel. Es war das erste Pausewang-Familientreffen nach dem Kriegsende, und außer Rudi und seiner Familie, die schon während des Krieges in Celle gelebt hatten, waren alle aus ihren sudetendeutschen Wohnorten ausgesiedelt worden. Nun waren sie damit beschäftigt, sich eine neue Heimat zu schaffen, eine neue Existenz aufzubauen.

»Wie hast du das nur alles in so kurzer Zeit geschafft?« bekam Friedel immer wieder zu hören. »Du, der es doch nach dem Krieg am dreckigsten von uns allen ging . . .«

Ja, wie hatte sie das eigentlich geschafft? Sie hatte gekämpft. Und sie hatte Glück gehabt.

Friedel lud auch ihre liebste Freundin Lene ein. Die nahm die Einladung an und kam mit ihrer jüngsten Tochter. Lene lebte in Österreich. Durch die Kriegswirren war sie mit ihrer Familie von Wiener-Neustadt nach Kufstein verschlagen worden. Sie war öfter auf der Rosinkawiese zu Besuch gewesen und hatte damals das Entstehen der jungen Siedlung voller Anteilnahme und Begeisterung miterlebt.

Da auch Lene der Jugendbewegung angehört hatte, drehten sich ihre Gespräche oft um gemeinsame Wandervogel-Erlebnisse. Und um die neue Pädagogik. Und um Hitler. Und Friedel und Lene wanderten sonntags gemeinsam mit den Kindern durch Taunus und Rheingau.

In den Jahren nach dem Krieg hatte Friedel wieder Kontakt mit ihrer alten Saarbrücker Wandervogelgruppe geknüpft. Inzwischen waren aus den Mädchen Frauen geworden, ein oder zwei Jahre jünger als sie. Auch die lud sie ein. Da wurde gesungen und erzählt und die wunderschöne Gegend von Wiesbaden durchwandert.

Der seltsamste und anrührendste Besuch aber kam aus dem Westen: ein altes französisches Ehepaar, Madame und Monsieur Hurviez. Über diesen Besuch freute sich Friedel ganz besonders.

Er hatte viel mit der Rosinkawiese zu tun: Nach dem Frankreichfeldzug waren französische Kriegsgefangene nach Wichstadtl gebracht und dort tagsüber an die Bauern zur Arbeit »ausgeliehen« worden. Auch Friedel hatte einen jungen Franzosen zugeteilt bekommen, wegen des großen Grundstücks, das sie in Ordnung zu halten hatte.

Es war ein neunzehnjähriger Pariser Student gewesen, Michel Hurviez. Da Friedel als Saarbrückerin und aufgrund ihrer Schulbildung leidlich französisch sprechen konnte, war eine Verständigung möglich. Sie erfuhr, daß er das einzige Kind seiner Eltern war. Es war anzunehmen, daß sie nicht wußten, wo er sich aufhielt, ja vielleicht wußten sie nicht einmal, ob er noch lebte.

Sie ließ sich von ihm die Adresse seiner Eltern geben und schrieb ihnen in deutscher Sprache auf einer ganz einfachen, offenen Postkarte, die jeder lesen konnte, daß ihr Sohn Michel als Kriegsgefangener bei ihr arbeite und daß er gesund sei. Es bestehe kein Anlaß zu Sorgen...

Die Chancen, daß diese Karte ihr Ziel erreichte, waren gering. Mitten im Krieg wurde da eine Verständigung zwischen Bürgern verfeindeter Staaten angestrebt! Friedel war sich nicht sicher, ob solche Kontakte nicht sogar streng verboten waren.

Nach drei Wochen kam Antwort, auf französisch: Die Eltern Hurviez dankten Friedel für die gute Nachricht und baten sie, ihrem Sohn Grüße zu übermitteln.

Die Adresse der Hurviez-Eltern hatte Friedel mit auf die Flucht genommen. Sobald der internationale Postverkehr wieder funktionierte, schrieb sie ihnen und teilte ihnen kurz mit, daß sie mit den Kindern hatte flüchten müssen. Sie bitte um Nachricht, ob Michel gut heimgekommen sei.

Ja, er war wieder daheim und inzwischen fertig mit dem Studium. Ein Briefwechsel entspann sich. Und dann kündigte dieses alte französische Ehepaar seinen Besuch an und kam auf eine Woche. Vater Hurviez war ein gebildeter und warmherziger Mann, seine Frau machte einen etwas verhuschten Eindruck.

Das Gästezimmer war für diese Franzosen, die in gutsituierten Verhältnissen lebten, sicher sehr spartanisch. Aber sie wußten ja, daß die Pausewangs ihren Besitz auf der Rosinkawiese hatten zurücklassen müssen. In langen Gesprächen frischte Friedel ihre Französischkenntnisse wieder auf. Und sie war sich mit den Hurviez-Eltern einig: Auch sie hielten jede Art von Krieg für menschenunwürdig.

Totale Erschöpfung

Im Jahr 1952 wurde das Lastenausgleichsgesetz vom Bundestag verabschiedet: Diejenigen Deutschen, die das Glück gehabt hatten, ihren Hausrat, ihren Schmuck und vor allem ihren Haus- und Grundbesitz durch Kriegseinflüsse nicht zu verlieren, sollten zugunsten der Bombengeschädigten, Flüchtlinge und Heimatvertriebenen zur Kasse gebeten werden. Das hieß, die Kriegslasten sollten einigermaßen gerecht auf alle Bürger Westdeutschlands, auf alteingesessene wie auf neueingewiesene, verteilt werden.

Friedel durfte also darauf hoffen, in ein paar Jahren – die Verwirklichung des Lastenausgleichs würde sich lange, lange hinziehen! – noch eine mäßige Entschädigung für sich und ihre Kinder zu erhalten. Dafür mußte sie erst einmal einen Antrag stellen und ihn zusammen mit einer Liste aller ihrer ehemaligen materiellen Güter an das Ausgleichsamt einreichen.

Aber bevor der Antrag bearbeitet wurde, hatte sie erst noch zu beweisen, daß sie die aufgelisteten Werte wirklich einmal besessen hatte. Dafür mußte sie Bescheinigungen einholen, Abschriften alter Akten, die sie mit auf die Flucht genommen hatte, beglaubigen lassen, vor allem aber Zeugen suchen.

Abend für Abend saß sie über der Schreibmaschine. Und ihr war klar: Kosten, die ihr in der Gegenwart entstanden, konnte sie nicht mit der Aussicht auf spätere Lastenausgleichszahlungen decken. Der Lastenausgleich würde ihr aber einmal, irgendwann, für die Abzahlungen der Schulden nützlich sein.

Als sie diese Schreibereien, die sie haßte, hinter sich

hatte, blieb sie weiter hinter der Schreibmaschine sitzen und schrieb einige kleine Kinderbücher, für die sie jeweils ein miserables Pauschalhonorar erhielt, gleichgültig, wie hoch deren Verkaufsziffern lagen. Sie hatte nie gelernt, kaufmännisch zu denken, Verträge zu durchschauen und den Profit im Auge zu haben. Über die lächerlichen fünfhundert Mark, die sie pro Buch bekam, war sie glücklich. Damit konnte sie wieder einen kleinen Teil ihrer Schulden abzahlen. Außerdem bereitete ihr das Ausdenken von Kindergeschichten großes Vergnügen.

Betriebsferien machte Friedel im Kindergarten so gut wie nie. Natürlich bekamen ihre Angestellten, auch ihre Tochter, den Urlaub, auf den sie Anspruch hatten, oder noch darüber hinaus. Die fehlende Arbeitskraft ersetzte sie selbst. Ja, sie lud sich häufig noch zusätzliche Arbeit auf. Zum Beispiel nahm sie dann und wann Kinder befreundeter Familien in Pflege, wenn Mütter ins Krankenhaus oder verreisen mußten. Aus den Anfangsjahren im Freideutschen Kreis hatten sich inzwischen feste Freundschaften herauskristallisiert. Fiel in einer dieser Familien die Mutter aus, sprang Friedel ein. Wenn es sich um Freunde handelte, die nicht begütert waren, verlangte sie nichts für ihre Hilfe.

Auch im Kindergartenbetrieb übernahm sie sich.

Das Mainzer Kindergärtnerinnenseminar fragte bei ihr an, ob sie bereit sei, ein- bis zweimal pro Woche Hospitationsgruppen aufzunehmen. Denn sie habe als ausgebildete Jugendleiterin die nötige Qualifikation, angehende Kindergärtnerinnen zu betreuen, und ihr Kindergarten habe einen guten Ruf.

Sie sagte zu. Und so kamen zweimal pro Woche mehrere Wiesbadener Schülerinnen des Mainzer Seminars zu ihr. Bis dahin hatten sie für Praktika und Hospitationen immer nach Mainz hinüberfahren müssen.

Friedel ließ sie während der ersten Hospitationstage Kinder beobachten und kennenlernen. Später leitete sie sie an, kleine Aufgaben mit einzelnen Kindern oder Kindergruppen durchzuführen. In Pausen oder nach der Entlassung der Kinder sprach sie mit den Schülerinnen ihre Eindrücke durch und erörterte pädagogische Probleme. Und während der Kindergartenarbeit versuchte sie, ihnen einen Schatz an Liedern, Spielen und Beschäftigungsmöglichkeiten mitzugeben.

Die Schülerinnen – damals war dieser Beruf eine noch ganz und gar weibliche Domäne – kamen gern, und die Kinder hingen sehr an ihnen. Über Jahre hinaus blieb es nun bei dieser Zusammenarbeit zwischen Friedel und dem Mainzer Kindergärtnerinnenseminar – zur Zufriedenheit aller.

Aber Friedel hatte sich in den letzten Jahren wohl doch zuviel zugemutet – vor allem dadurch, daß sie selbst nie Urlaub machte. Sie hatte ja auch körperlich nichts zuzusetzen.

Jedenfalls brach eines Tages ihr Kreislauf zusammen. Sie kam nicht mehr auf die Beine. Der Arzt stellte die Diagnose: totale Erschöpfung. Sie habe alle ihre Reserven aufgebraucht. Er überwies sie ins Krankenhaus.

Nun mußte sie erst einmal zur Ruhe kommen. Und dann würde sie wieder langsam aufgepäppelt werden müssen.

Aber wie sollte sie sich ausruhen können, wenn sie sich mit dem Gedanken quälte, nun, ohne sie, breche daheim der Kindergartenbetrieb zusammen! Sie listete alle nötigen Erledigungen auf und schärfte ihren Kindern, die sie täglich besuchten, immer wieder ein, nichts zu vergessen.

Aber als sich zeigte, daß ihre zweite Tochter den Kindergarten durchaus auch allein zu führen imstande war, beruhigte sie sich. Und so, wie sie ihren Freundinnen oft geholfen hatte, halfen die nun *ihr*: Sie hatten sich, sobald sie von Friedels Krankenhausaufenthalt erfuhren, untereinander verständigt und eine Art Hilfsdienst organisiert. Jeden Tag kam eine der Frauen für ein paar Stunden und hielt den Haushalt in Ordnung. Und auch Olga, die treue Verwandte, und ihre Tochter Hilde sprangen ein.

So ließ sich Friedel langsam überzeugen, daß sie – zumindest für ein paar Wochen – ersetzbar und in Notlagen nicht verlassen war. Sie überließ sich ganz der Ruhe, genoß die Besuche, war von der Fürsorge gerührt. Sie spannte aus, ließ sich einfach fallen.

Nach vier Wochen kam sie ausgeruht und gekräftigt wieder heim.

Grenzen öffnen sich

Inzwischen hatten sich Deutschlands Grenzen zu den Nachbarländern geöffnet. Man konnte wieder ins Ausland reisen.

Auf diese Gelegenheit hatte Friedels Älteste nur gelauert. Schon über die Osterferien 1952 nahm sie die erstbeste Gelegenheit wahr, mit einer Gruppe von Lehrern und Studenten nach Paris zu fahren. Übernachtet wurde in einer Pariser Jugendherberge. Ganz verwirrt und verzaubert kehrte sie zurück. Das alles, was sie nur von Fotos kannte, hatte sie nun in Wirklichkeit gesehen.

Nur ein paar Monate später, im darauffolgenden Sommer, nahm sie an einer Gruppenreise nach England teil. Vier Wochen lang hielt sie sich in London und Worcester auf und lernte die kahlen Hügel von Wales und die englische Kanalküste kennen. Eine noch vor kurzem für Deutsche verschlossene Welt!

Die Gruppe, hauptsächlich Lehrerinnen und Lehrer, übernachteten in den Schlafsälen einer Lehrerbildungsanstalt in Worcester. Und in London schlief man in einem ehemaligen Luftschutzbunker, tief unter der City. Deutsche Lehrer, vor allem Junglehrer, verdienten damals jämmerlich wenig. Da mußte jede Mark zweimal umgedreht werden.

Friedels Älteste freundete sich mit einer englischen Familie an, die nicht weit von Worcester auf dem Land lebte. Es wurde vereinbart, daß im kommenden Sommer – dem Sommer 1953 – ein privater Austausch stattfinden sollte: Friedels Zweite und ihr älterer Sohn sollten vier Wochen bei dieser Familie verbringen, und anschließend würden dann die beiden sechzehnjährigen Töchter der Familie ein paar Wochen nach Wiesbaden kommen.

Das war der erste internationale Jugendkontakt für die Pausewang-Kinder. Noch im selben Jahr, in dem die Älteste mit einer Bekannten sechs Wochen lang durch Italien reiste, wurde in Wiesbaden nach Familien gefragt, die im Rahmen eines Jugendaustauschs italienische Mädchen und Jungen im Alter von vierzehn bis achtzehn Jahren für drei Wochen aufzunehmen gewillt waren. Friedel meldete sich und bekam einen italienischen Jungen, fünfzehn Jahre alt, zugewiesen. Nach anfänglicher Schüchternheit freundete er sich aber schnell mit Friedels Söhnen an, die jetzt dreizehn und sechzehn Jahre alt waren.

Friedels Älteste war nicht die einzige der Pausewang-Geschwister, die es nach der jahrelangen Zeit des Eingesperrtseins innerhalb der nationalen Grenzen fortzog ins Ausland. Sie war lediglich die erste, die dieses Ziel beharrlich verfolgte. Schon seit ihrem fünfzehnten Lebensjahr hatte sie heimlich von Südamerika geträumt. Nach Südamerika gehen – wenn ihr das je gelänge ...!

Sogar Friedel leistete sich im Jahr 1953 zum ersten Mal eine Auslandsreise. Zusammen mit ihrer damals vierzehnjährigen Jüngsten fuhr sie für ein paar Tage zu ihrer Freundin Lene nach Kufstein in Tirol. Ein etwas schlechtes Gewissen hatte sie schon wegen dieser Bahnfahrt dritter Klasse, denn sie mußte ja noch immer sehr sparen. Das Darlehen, das ihr über das Ausgleichsamt gewährt worden war, mußte abgezahlt werden, ebenso das Bauspardarlehen. Und sie hatte noch Schulden bei ihrem Stiefvater. Er mahnte sie zwar nie, aber gerade deshalb drängte es sie, alles so schnell wie möglich zurückzuzahlen, zumal er gerade dabei war, für sich und seine Frau ein neues Haus zu bauen, eine Art Ausgedingehaus hinter Hildes und Peters Neubau. Denn die beiden alten Leute würden über kurz oder lang Pflege brauchen. Hilde und Peter würden sich um sie kümmern. Für den Bau brauchte Fritz Hache natürlich Geld.

Aber eine Reise zu Lene und Karl lockte Friedel so sehr, daß sie nicht hatte widerstehen können. Braungebrannt von herrlichen Bergtouren und voller Anregungen kehrte sie wieder heim und arbeitete mit neuen Kräften weiter. Und auch ihre Jüngste hatte die Reise genossen.

Damals ahnte sie noch nicht, daß sie zwei Jahre später zusammen mit ihrer Jüngsten nach Spanien reisen würde, im Bus, um dort die Älteste zu treffen, die vorausgereist war und bereits ein Quartier für sie vorbereitet hatte. Und zwar an der Costa Brava, die damals noch eine romantisch-bizarre Küste mit verträumten Fischerdörfern und endlos weiten, natürlichen Stränden bot.

Und Friedel ahnte auch nicht, daß sie in den Jahrzehnten danach bis in ihr hohes Alter immer wieder in ihr Lieblingsland Spanien zurückkehren würde.

Bewegte Zeiten

Während Friedels Kindergarten nun »aus dem Gröbsten heraus« war, sich eines guten Rufes erfreute und bereits eine Reihe von Traditionen pflegte, geschah viel in der Welt: Stalin starb; der Volksaufstand in der DDR am 17. Juni 1953 wurde brutal niedergeschlagen; Eisenhower war jetzt Präsident der USA; der Koreakrieg endete.

Und was geschah in Westdeutschland? Die Bundesrepublik trat der Westeuropäischen Union und der NATO bei. Die bisherigen Besatzungstruppen blieben als verbündete Verteidigungstruppen im Land. Etwas für Deutschland sehr Wichtiges trat ein: Die Bundesrepublik erlangte wieder ihre Souveränität, die Hohen Kommissare wurden durch Botschafter abgelöst.

Ein Vorgang, der bei den Deutschen positive Gefühle erwarten ließ: Deutschland hatte seine Freiheit wiedererlangt. Aber fast alle nahmen diese Nachricht stumm, gleichgültig, achselzuckend auf. Nationalstolz war in diesem jungen Staat kaum mehr gefragt. Auch bei den Pausewangs nicht.

Friedel, die Saarbrückerin, brachte noch nicht einmal großes Interesse für die Volksabstimmung im Saargebiet auf. Als sich die Mehrheit der Saarländer für den Anschluß an die Bundesrepublik entschied, gab sie nur einen kurzen, trockenen Kommentar ab: »Die haben gerochen, daß es bei uns wieder bergauf geht.«

Aber als Konrad Adenauer nach Moskau reiste und die Freilassung aller noch in der Sowjetunion zurückgehaltenen deutschen Kriegsgefangenen erreichte, da war sie ganz Ohr, da hörte sie alle Nachrichten ab.

Und obwohl sie keine Adenauer-Anhängerin war – er war ihr zu katholisch und zu westlich orientiert –, dankte sie ihm diese Tat von Herzen.

Nun hatte das sogenannte Wirtschaftswunder eingesetzt. Die letzten Ruinen verschwanden, die Straßen wurden breiter, die Autos vermehrten sich, der Verkehr wurde dichter. Die ersten Supermärkte wurden eröffnet und erregten Aufsehen, die Geschäftsstraßen wurden bunter, die Läden boten mehr Auswahl. Und in fortschrittlichen Gaststätten konnte man die Übertragungen von Fußballspielen sehen.

Aber nicht nur in der weiten Welt und rings im Land ging es wildbewegt zu. Auch im Pausewang'schen Mikrokosmos änderte sich viel: Die drei jüngsten Kinder hatten sich dem jungen Nachkriegswandervogel angeschlossen und waren nun fast an jedem Wochenende auf Wanderungen oder Treffen, kreuz und quer durch Westdeutschland. Während der Schulferien machten sie lange Wanderfahrten und veranstalteten Zeltlager, in denen sie sich mit Gruppen aus anderen Landesteilen trafen. Wenn sie ihre Lieder sangen und von Lagerfeuern und Wandererlebnissen berichteten, fühlte sich Friedel wieder in ihre eigene Wandervogeljugend versetzt.

Die gemeinsamen Familienwanderungen hatten fast ganz aufgehört. Friedel wanderte jetzt nur noch mit den älteren Töchtern, und auch das recht selten. Aber immer noch musizierten sie gemeinsam. Der ältere Sohn spielte Gitarre.

Die dritte Tochter, inzwischen ebenfalls Kindergärtnerin, arbeitete eine Weile in einem Kinderheim im Odenwald, sammelte Erfahrungen in der Schweiz und in einem Kinderheim in den deutschen Alpen. Zwischendurch löste sie immer wieder ihre ältere Schwester in Friedels Kindergarten ab, damit diese auch andere pädagogische Einrichtungen kennenlernen konnte.

Dann entschloß sie sich, noch einmal umzusatteln. Sie holte die Mittlere Reife nach und besuchte später das Pädagogische Institut in Jugenheim an der Bergstraße, um Lehrerin zu werden.

Ihre nächstältere Schwester ging im Herbst 1954 für ein Semester als Assistentin an das Pädagogische Institut in Weilburg. Ihr Professor war zuständig für Werken und kunsthandwerkliches Gestalten an Volksschulen. Hier lernte sie künstlerische und handwerkliche Techniken, half Kinderfeste mitgestalten und machte sich vertraut mit verschiedenen Arten des Puppen-, Marionetten- und Schattenspiels.

Schon ein Vierteljahr zuvor war auch die Älteste nach Weilburg gezogen. Man hatte ihr die Führung einer dritten Klasse an der Versuchsschule des Pädagogischen Instituts angeboten. Hier in Weilburg bot sich ihr die Möglichkeit, sich mit den jeweils neuesten pädagogischen Strömungen bekanntzumachen und mit Professoren und Studenten zusammenzuarbeiten.

Ein Semester lang wohnten nun die beiden Schwestern zusammen. Gemeinsam fuhren sie über die Wochenenden per Bus oder Zug heim, wo meistens schon Friedels Wünsche auf sie warteten: ein Begrüßungsgedicht für das Kindergarten-Weihnachtsfest, das noch immer in der Bierstädter Schule stattfand; ein Lied vom Osterhasen, weil es so wenige Osterlieder gab; neue Bastelideen: Was ließ sich aus Luftschlangen herstellen? Und dann brauchte Friedel noch eine gut aufgebaute Geschichte für das Kasperltheater, die sich von ihr und der dritten Tochter, also nur zwei Personen, ohne Schwierigkeiten spielen ließ.

Die beiden Schwestern lieferten, was Friedel von ihnen erwartete.

Nach dem Ende des Semesters ging die zweite Tochter nach Sylt, wo sie einen Sommer lang in einem Kindererholungsheim arbeitete. Anschließend besuchte sie das Jugendleiterinnenseminar in Frankfurt, um die gleiche Qualifikation zu erreichen wie ihre Mutter.

Friedel lernt loslassen

Inzwischen wohnten Friedels Mutter und ihr Stiefvater schon lange nicht mehr in der Waldstraße, sondern im neuen Häuschen hinter Hildes und Peters Haus. Noch waren beide in der Lage, sich selbst zu versorgen, aber es war abzusehen, daß Hilde in nicht mehr allzu ferner Zeit für sie würde kochen, waschen und putzen müssen. Hilde nahm's gelassen. Es war ja seit langem so abgesprochen, und sie fürchtete die Mehrarbeit nicht.

Peters und Hildes Betrieb lief ausgezeichnet. Das Wirtschaftswunder offenbarte sich auch hier: Es wurde viel gebaut. Wer das Glück hatte, eine Neubauwohnung zu bekommen und zu den Besserverdienenenden gehörte, nähte die Vorhänge nicht mehr selber, sondern bestellte sie bei einem Dekorateur. Peter fuhr bereits einen Wagen und hatte einen Gesellen und ein Nähmädchen eingestellt.

Friedel besuchte ihre Eltern oft. Hilde bereitete meistens eine kleine Kaffeetafel vor. Erinnerungen wurden aufgefrischt, und Friedel mußte von ihren Kindern erzählen.

Am Heiligen Abend trafen sich alle – Pausewangs, Wegmanns und Haches – zur Bescherung in Haches kleinem Wohnzimmer. Fritz Hache schmückte jedes Jahr einen für diesen Raum viel zu großen Weihnachtsbaum. Der geriet einmal in Brand, mitten in der feierlichen Bescherung. Hache zeigte sich der Lage gewachsen: Er riß das Fenster auf und schleuderte den lichterloh brennenden Baum mit all seinem festlichen Geklunker hinaus in den Garten. Außer einer angerußten Decke war kein Schaden entstanden.

Friedels Älteste peilte nun ernsthaft einen Südamerika-Aufenthalt an. Noch bevor sie die zweite Lehrerprüfung abgelegt hatte, erkundigte sie sich nach den Möglichkeiten, im Ausland zu unterrichten. Der Auslandsschuldienst, vor dem Krieg vom Nazisystem stark protegiert, war erst seit einem oder zwei Jahren wieder neu organisiert worden. Und nun suchte man Lehrerinnen und Lehrer, die nicht nur ins europäische Ausland, sondern auch in andere Kontinente gehen wollten.

In Südamerika, besonders in Chile, gab es große und sehr aktive deutsche Kolonien, die daran interessiert waren, wieder deutsche Lehrer für ihre Schulen zu bekommen. Friedels Tochter besorgte sich ein Verzeichnis der deutschen Schulen in Südamerika und schrieb einige an.

Kaum hatte sie die zweite Lehrerprüfung erfolgreich abgelegt, schloß sie einen Fünfjahresvertrag mit der deutschen Schule in Temuco in Südchile ab und fieberte der Abreise, die für Anfang 1956 geplant war, entgegen.

Sie hatte ihre Mutter über ihre Pläne nicht im unklaren gelassen. Diesmal stemmte sich Friedel nicht gegen das Vorhaben ihrer Tochter. Sie ließ nun ihre Kinder ziehen, wohin sie wollten, und sie ließ sie werden, was sie wollten.

Aber heimlich litt sie doch darunter, daß sie jetzt sonntags manchmal allein daheim war. Werktags herrschte dagegen noch immer reges Leben in den Privaträumen der Pausewangs. Die drei Jüngsten gingen ja noch zur Schule. Und sie brachten oft Freunde mit. Da vergaß Friedel ihre Angst vor dem Alleinsein.

Im Januar 1956 brachte die ganze Familie die Älteste nach Mainz, wo sie in den Zug nach Rotterdam einstieg. Von dort würde sie auf einem holländischen

Frachter nach Buenos Aires reisen, dann in einem Schnellzug nach Santiago de Chile.

Der Abschied fiel Friedel noch schwerer als ihrer Tochter. Die reiste in Neues, Unbekanntes hinein und freute sich auf das Abenteuer. Friedel dagegen blieb im Altvertrauten zurück, blieb allein mit der Angst: Wie wird es ihr ergehen? Werde ich sie je wiedersehen? Damals lag Südamerika für einen Durchschnittseuropäer ja noch in fast unerreichbarer Ferne. Noch ahnte sie nicht, daß auch in ihren übrigen Kindern der Wunsch zu wachsen begann: Wir wollen hinaus in die Welt!

Nach der Abreise ihrer Ältesten stürzte sich Friedel in eine Arbeit, die sie sich schon seit langem vorgenommen hatte und auf die sie sich freute: Seit dem Beginn ihres Kindergartenbetriebes in Wiesbaden hatte sie vergeblich nach Fachliteratur gesucht, die ihr die pädagogische Arbeit hätte erleichtern können. Damals waren ja so gut wie keine Bücher für Kindergärtnerinnen zu haben, die Spielesammlungen oder Bastelanleitungen für das Kindergartenalter oder Hilfen für die Gestaltung von Kindergartenfesten anboten. Auch geeigneten Fingerspielen und Beschäftigungsanleitungen war sie nicht begegnet.

Das war für sie kein Grund gewesen, im Kindergarten Langeweile oder Untätigkeit aufkommen zu lassen. Sie hatte sich eben selber Spiele, Basteleien und Beschäftigungen ausgedacht.

Aber nicht alle Kindergärtnerinnen besaßen genügend Phantasie und Kreativität, um sich selber einfallen zu lassen, was sie für ihre Arbeit brauchten. Sie suchten, wie Friedel gesucht hatte, und fanden nichts Geeignetes. Friedels Spiele, Bastelideen und Beschäftigungsvorschläge aber dienten nur ihr allein, weil ihre Kolleginnen sie nicht kannten.

So machte sie sich daran, all ihr Ideenmaterial zu sammeln, niederzuschreiben und zu ordnen. Die einzelnen Sammlungen schickte sie an einen Pädagogik-Verlag. Dem gefielen die Sachen. Er brachte sie heraus. Manche dieser Spiele- und Bastelhefte erlebten zahlreiche Auflagen. Und ihre Fingerspiele verkaufen sich noch heute prächtig.

Mit dieser Nebentätigkeit füllte sie einsame Stunden und verdiente einiges dazu. Vor allem aber half sie damit vielen jungen, noch unerfahrenen Kindergärtnerinnen.

Noch im selben Jahr machte der ältere Sohn sein Abitur und begann ein Soziologiestudium in Marburg. Und ein Jahr nach der Abreise der Ältesten folgte ihr die Zweite nach Chile. Als nun staatlich geprüfte Jugendleiterin wollte sie drei Jahre lang im Schülerheim der deutschen Schule in Temuco pädagogisch tätig sein.

Fahrt in ruhigere Gewässer

Nun hatte Friedel nur noch die Ausbildungs- und Lebenshaltungskosten ihrer vier jüngsten Kinder zu bestreiten. Der ältere Sohn stand ihr bei, indem er während der Semesterferien jobbte. Er wie auch die dritte Tochter lebten äußerst sparsam.

Friedel wagte nun – nur probeweise –, den Kindergartenbetrieb etwas zu verkleinern. Sie nahm keine Kinder mehr über die ganze Woche auf, auch nicht über Mittag. Mit einer jungen Kindergärtnerin betreute sie die beiden Vormittagsgruppen. Die Nachmittagskinder übernahm sie allein.

Jetzt konnten sich schon viele Familien Urlaubsreisen leisten. Von Sommer zu Sommer fehlten immer mehr Kinder. Deshalb entschloß sich Friedel, nun auch eine dreiwöchige, später eine vierwöchige Sommerpause zu machen, die ihr gut tat. Ebenso schloß sie den Kindergarten von Weihnachten bis Neujahr.

Friedel war nun fünfundfünfzig Jahre alt. Vor allem die körperliche Arbeit fiel ihr jetzt schon manchmal etwas schwer. Aber während der Semesterferien kam ihre dritte Tochter aus Jugenheim nach Hause und half im Kindergarten mit, und im Haushalt griffen die beiden Jüngsten zu, wenn sich die Arbeit staute.

Sie brauchte nicht mehr so rigoros zu sparen wie in den Jahren des Ruinenkindergartens. Als sie in den Genuß des Lastenausgleichs kam und auch eine beträchtliche Nachzahlung ihrer nach so vielen Jahren endlich geregelten Kriegshinterbliebenenrente erhielt, konnte sie damit einen guten Teil ihrer Schulden tilgen.

Aus Südamerika kamen gute Nachrichten. Beide

Töchter lernten – neben ihrer Arbeit – Land und Leute kennen und lieben und machten während der dreimonatigen Sommerferien weite und abenteuerliche Reisen durch Südamerika. Nur mit der zum guten Teil noch dem »Dritten Reich« nachtrauernden deutschen Kolonie kamen sie nicht immer klar.

Die jüngste Tochter machte nun auch ihr Abitur und entschloß sich, in Berlin zu studieren. Ein Jahr später folgte ihr der jüngste Sohn. Sie hatten beide eine billige Unterkunft gefunden und jobbten nebenbei. So konnten sie selber einen Teil ihrer Studien- und Lebenshaltungskosten decken, ebenso wie ihr älterer Bruder.

Alle drei verbrachten nur einen Teil ihrer Semesterferien daheim. Noch immer fühlten sie sich ihren Wandervogelgruppen verbunden und nahmen an Fahrten teil, jetzt auch manchmal in Nachbarländer wie Frankreich, Österreich und Skandinavien.

Anfang 1960 kam die zweite Tochter – nach Ablauf ihres Vertrags – nach Deutschland zurück, blieb aber nur ein paar Wochen bei Friedel, um dann für acht Jahre nach Bombay zu gehen. Dort leitete sie den Kindergarten für die Kinder des deutschen diplomatischen Personals. Nach drei Jahren wechselte sie dann in das von Nonnen geführte St. Catherine's Home über, ein Heim für indische Waisenkinder. Dort arbeitete sie fünf Jahre lang für ein lächerliches Gehalt und ging ganz in diesem Dienst an den Ärmsten der Armen auf.

Ein Jahr später war auch der Vertrag der Ältesten abgelaufen. Aber sie wollte noch nicht heimkommen. Sie ging Anfang 1961 für weitere knappe drei Jahre an die deutsche Schule in Maracaibo in Venezuela.

Friedels Haus war nun kein Neubau mehr. Es lag ganz im Grünen. Die Buchenhecke war schnell gewachsen und umrahmte das ganze Anwesen. Die jungen, von ihr gepflanzten Beerensträucher und Obstbäume trugen reichlich. Die alten Obstbäume, die sie mit dem Grundstück übernommen hatte, boten auch noch gute Ernten. Und rund um Haus und Terrasse rankte, grünte und blühte es üppig. Jetzt besaß Friedel dieses Anwesen schon knapp zehn Jahre. Sie konnte es selber kaum glauben.

Was geschah in diesen Jahren in der Welt? Der Sputnik umkreiste die Erde; Chruschtschow wurde Ministerpräsident der Sowjetunion, de Gaulle französischer Staatspräsident, Fidel Castro, Held der kubanischen Revolution, Regierungschef in Kuba; Frankreich zündete seine erste Atombombe; die Amerikaner wählten John F. Kennedy zum Präsidenten; Eichmann wurde aus Argentinien nach Israel entführt; in Irland tobte Bürgerkrieg, und 1962, in der Kubakrise, brach fast ein Krieg zwischen den USA und der Sowjetunion aus. Die Nervosität jener Tage war auch in Friedels Kindergarten zu spüren.

Die dritte Tochter hatte inzwischen ihr Studium beendet und war in den Schuldienst eingetreten. In Ungedanken bei Fritzlar bekam sie ihre erste Stelle an einer zweiklassigen Schule.

Friedels Mutter starb. Friedel und Hilde waren in den letzten Stunden bei ihr, zusammen mit Fritz Hache. Sie wurde auf dem Bierstädter Friedhof begraben. Von nun an versorgte Hilde ihren Stiefvater mit. Aber er überlebte seine Frau nur kurze Zeit.

Friedel begann sich in diesen Jahren wieder für Politik zu interessieren. Sie war nicht einverstanden mit der Wiedereinführung der Wehrpflicht in Deutschland. Und daß sich Ost- und Westdeutschland immer feindlicher gegenüberstanden, bedauerte sie sehr. Bei der Bundestagswahl 1961 hätte sie lieber Willy Brandt als Konrad Adenauer als neuen Kanzler begrüßt. Die Errichtung der Berliner Mauer und des Eisernen Vorhangs empörte sie. Und schon sehr früh war sie eine Gegnerin der Atomenergienutzung, gleichgültig, ob sie kriegerischen oder »friedlichen« Zwecken dienen sollte.

Falltür und Plumpsklo

Schon seit Anfang der sechziger Jahre dachte Friedel über ihr weiteres Leben nach. Langsam reifte in ihr der Entschluß, die letzten Lebensjahre nicht in der Großstadt zu verbringen. Sie konnte sich vorstellen, den Kindergarten zu schließen, sobald alle ihre Kinder die Berufsausbildung abgeschlossen haben würden, vielleicht einem ihrer Kinder das Haus zu übergeben und dann irgendwohin aufs Land zu ziehen.

Nüchtern und praktisch, wie sie war, legte sie für dieses Ziel ein Sparbuch an und begann sich nach einer ländlichen Bleibe umzusehen. Sie stellte sich ein Häuschen an einem Dorfrand vor, so daß sie die weite Landschaft vor sich sah, aber doch nahe menschliche Hilfe, wenn die nötig war, hinter sich wußte. Außerdem lag ihr viel daran, auch weiterhin mit Kindern Kontakt zu haben. Ein Leben ohne Kinder konnte sie sich nicht vorstellen. Dagegen fürchtete sie sich jetzt nicht mehr davor, fern von ihren eigenen Kindern zu leben. Daran hatte sie sich inzwischen gewöhnt. Und den Großstadtbetrieb hatte sie nie gesucht.

Sie begann also, alle Immobilienanzeigen in den Zeitungen durchzusehen. Allein oder mit einigen ihrer Kinder, die gerade mal wieder ein paar Tage daheim verbrachten, wanderte sie durch Taunus und Rheingau und machte die Augen auf. Aber was sie suchte, fand sie nicht. Kein Wunder: Es herrschte große Wohnungsnot, und noch die letzte Hütte war bewohnt.

Aber auch ohne diesen besonderen Umstand war das, was sie suchte, nicht leicht zu finden: Das Objekt sollte klein sein, etwas abgerückt von den anderen

Häusern, aber doch nahe am Dorf, mit Garten und Blick ins Grüne, in eine möglichst schöne Landschaft. Und es durfte nicht viel kosten.

Auch über Immobilienanzeigen fand sie nichts im nahen Umkreis von Wiesbaden. Nun zog sie größere Kreise. Vor noch nicht langer Zeit hatte sie ein Wochenende bei ihrer dritten Tochter verbracht, die im Vogelsberg ein Landschulpraktikum abgeleistet hatte. Dort war ihr die Landschaft auch als sehr reizvoll erschienen. Sie bezog also den Vogelsberg in ihre Suche mit ein.

Eine neue Strategie erwies sich als effektiver: Sie schrieb alle Immobilienhändler in den ihr zusagenden Gegenden an und schilderte ihnen ihr Wunschobjekt. Unter den Angeboten, die sie erhielt, schienen manche verheißungsvoll zu sein. Da sie inzwischen nur noch vormittags Kinder betreute, konnte sie nachmittags zu Besichtigungen fahren. Sie fuhr oft und kam enttäuscht zurück. Auf Kompromisse ließ sie sich nicht ein. Schließlich ging es ja nicht um die Gestaltung einer kurzen Episode ihres Lebens, sondern um ihr Alter. Das wollte sie sich, nach all der Plackerei, so schön und sinnvoll wie möglich gestalten.

Endlich, 1962, wurde sie fündig: in dem 270-Einwohner-Dorf Hartershausen im Fuldatal, zwischen Schlitz und Fulda. Es war ein im Krieg entstandenes, kleines Jagdhaus, mehr eine Jagdhütte, die sich ein Schlitzer Jagdpächter an den Rand des Ortes hatte bauen lassen, um schneller im Wald zu sein. Das Spitzgiebelhäuschen stand in einem kleinen Garten mit alten Obstbäumen. Seine Rückseite zeigte zum Dorf, die Frontseite war der wunderschönen, weiten Feld- und Waldlandschaft zugewandt. Vor dem Haus lief nur ein breiter Schotterweg vorbei. Der einzige Verkehr, den man in den Blick bekam, wenn man aus dem Fenster schaute, war ländlicher Natur: Traktoren, Heu- und Güllewagen, Bauern auf dem Weg zu ihren Feldern und Viehkoppeln.

Das Häuschen bestand aus einem winzigen Flur mit einer Holztreppe auf den Dachboden hinauf, auf dem man nur unter dem Giebel aufrecht stehen konnte, einem größeren und einem kleinen Zimmer, einem halbhohen Keller, der sich nur durch eine Falltür im kleineren Zimmer erreichen ließ, einem Plumpsklo und einem Holzschuppen an der Rückwand des Hauses.

Friedel erbat sich Bedenkzeit und kehrte heim. Sie erzählte Hilde und Peter von diesem kleinen Anwesen und gewann sie dafür, gleich am nächsten Wochenende mit ihr hinzufahren und es sich anzuschauen.

Schwester und Schwager rieten ab, das Häuschen zu kaufen. Sie fanden es viel zu primitiv. In diesem Haus, in diesem Dorf könne man doch nicht ständig leben!

Friedel kaufte es trotzdem. Es war zwar sehr einfach, aber stabil gebaut – und vor allem ausbaufähig. Alles in allem kostete es etwas über fünftausend Mark.

Von nun an verbrachte sie schon manche Sommerwochenenden und vor allem ihre Urlaubstage hier. Sie freundete sich mit den Hartershausener Kindern an, half ihnen bei den Hausaufgaben, las ihnen vor oder spielte mit ihnen. Die Hartershausener Bauernfamilien wunderten sich erst, dann lernten sie »die Frau aus der Stadt« schätzen.

Friedels Hauptwohnsitz blieb vorerst noch Wiesbaden. Dort im Haus ließ sie, bevor ihre Älteste aus Südamerika heimkam, allerlei umbauen. Von ihrem Zimmer zweigte sie ein Duschbad ab. Den kleineren Kindergartenraum funktionierte sie in eine Wohnküche mit Speisekammer um. Der größere Raum war nun

Wohnzimmer für die Pausewangs. Der Kindergartenbetrieb – auf den Vormittag und eine kleine Gruppe beschränkt – fand im Souterrain statt, in der ehemaligen Pausewangschen Wohnküche.

Ende September 1963 kehrte ihre Älteste aus Venezuela zurück, wohnte wieder bei ihr in der Wartestraße und unterrichtete in Mainz-Kastel. Noch immer war dieses Haus der Mittelpunkt der Familie. Es verging kaum ein Wochenende, an dem nicht eines von Friedels Kindern daheim auftauchte, manchmal mit Freunden, manchmal allein. Nicht selten gingen die Geschwister zusammen mit Friedel ins Theater oder Kino. Aber am liebsten genossen sie den Frühling, Sommer oder Herbst auf der besonnten Terrasse.

Schon im Sommer 1964 begann Friedel mit dem Ausbau des Häuschens. Nun lebte ja ihr Stiefvater nicht mehr, der ihr sicher geholfen hätte. Aber im Dorf gab es eine Bauhandwerkerfamilie, die ihr beistand. Und einen großen Teil der Arbeit übernahmen ihre beiden Söhne.

Im Oktober war der Umbau fertig. Nun hatte sich das Haus auf der Rückseite um drei Meter verbreitert. Anstelle des Holzschuppens gab es da jetzt eine Küche, ein Bad und ein Ein-Bett-Schlafzimmer. Die beiden ursprünglichen Zimmer waren zu einem großen, hellen Wohnzimmer zusammengewachsen. Eine Tür führte auf den geräumigen Holzbalkon hinaus, auf dem man im Sommer essen und von dem aus man die ganze Landschaft übersehen konnte. In dem schmalen Flur war nun eine Toilette, und Friedel hatte den Dachboden so weit ausbauen lassen, daß dort drei Betten Platz fanden. Den Schrägraum unter den Dachsparren füllten Regale. Neben dem Haus stand ein stabiler Schuppen, in dem Friedel ihre Gartengeräte aufbewahrte und eine

Schaukel für ihre Enkel anbringen ließ, die es vorläufig noch nicht gab, die sie aber sehnlichst erwartete.

Mit einem zentralen Ölofen im Wohnzimmer konnte sie alle Räume des Hauses erwärmen. Nur nicht den Dachboden. Aber dort sollte ja auch nur geschlafen werden.

Friedel liebte Holz. Deshalb ließ sie sich die Wohnzimmerwände mit Holz täfeln. Das war der einzige Luxus, den sie sich bei diesem Bau leistete. Aber hier auf dem Land, in einer so waldreichen Gegend, kostete Holz nicht viel.

Nun konnte Friedel auch Wintertage hier verbringen. Ihre Älteste brachte sie oft im Wagen nach Hartershausen und leistete ihr dort Gesellschaft.

Aus der Pflicht entlassen

1965 heiratete der Jüngste als erster von Friedels Kindern. Seine Frau, eine Berlinerin, war auch Kindergärtnerin. Das junge Paar kam nach Wiesbaden und zog in das Haus in der Wartestraße ein. Friedels Sohn, angehender Diplomvolkswirt, studierte in Mainz weiter, Friedels Schwiegertochter übernahm den Kindergarten. Das große Wohnzimmer wurde wieder für den Kindergartenbetrieb eingerichtet, die jungen Leute wohnten im Dachgeschoß, Friedels Älteste zog ins Souterrain.

Friedel begrüßte dies sehr: Der Kindergarten lief weiter, das Haus blieb in der Familie, und sie war frei. Die beiden Letzten, deren Ausbildung sie finanziell noch mittragen mußte, waren ihr älterer Sohn, der an seiner Doktorarbeit saß, und ihre jüngste Tochter. Die hatte sich ostasiatischen Sprachen und Kulturen zugewandt. Friedels Rente war inzwischen so weit gestiegen, daß sie diese Verpflichtungen würde decken können, sofern sie in Hartershausen sparsam lebte. Außerdem hatte sie ja noch kleine Nebeneinnahmen durch die Fachbücher, die sie geschrieben hatte. Und sie gedachte auch weiterhin zu schreiben.

Sie packte also ihre Sachen zusammen – die meisten Möbel ließ sie ihren Kindern zurück – und zog endgültig nach Hartershausen um.

Als nächste heiratete ihre Älteste und ging mit ihrem Mann noch einmal für fünf Jahre nach Südamerika, diesmal nach Kolumbien. Kurz darauf, nachdem er sein Soziologiestudium abgeschlossen hatte, feierte auch der ältere Sohn seine Hochzeit. Ihn zog es nach Afrika. Für ein paar Jahre ließ er sich zusammen mit seiner norwegischen Frau in Äthiopien nieder und war Dozent an der Universität von Addis Abeba.

Einige Zeit später führte der Zufall die dritte Tochter – im Rahmen des deutschen Entwicklungsdienstes – ebenfalls für mehrere Jahre nach Äthiopien, allerdings nicht in die Hauptstadt.

Inzwischen hatte auch die Jüngste geheiratet, und die Zweite kam aus Indien zurück und qualifizierte sich auf dem zweiten Bildungsweg für die Ausbildung von Erzieherinnen und Erziehern.

Nun konnte sich Friedel schon über ihr erstes Enkelkind freuen. Als sich auch in Addis Abeba Nachwuchs einstellte, flog sie auf Einladung ihres älteren Sohnes und seiner Frau nach Äthiopien, stand der Schwiegertochter in den ersten Wochen nach der Entbindung bei und sah sich diese Stadt und dieses Land mit sehr wachen Augen an.

1970 ließ Friedel an die Schmalseite ihres Hauses noch ein Zimmer anbauen. Denn ihre Älteste hatte sich für die Zeit ihres Mutterschaftsurlaubs zu Besuch in Hartershausen angesagt: Sie wollte ihr Kind in Fulda zur Welt bringen. Mutter und Kind sollten ein Zimmer für sich haben.

Nun folgten glückliche Jahre für Friedel. Von ihren insgesamt fünfzehn Enkeln wurden ihr während der Sommer immer einige anvertraut. Manchmal platzte fast ihr Häuschen. Ihre Älteste, die sich ab Ende 1972 auch in Hartershausen niederließ, half ihr bei der Betreuung der Kinder.

Aber auch in den enkelfreien Jahreszeiten langweilte sich Friedel nie. Sie las viel, spielte oft und gern auf ihrem Spinett, hatte nun auch einen Fernseher – und war längst zur »Oma fürs Dorf« geworden. Wer sich beim Ausfüllen eines Formulars oder der Formulierung eines Antrags nicht zu helfen wußte, wandte sich an sie. Eltern, deren Kinder in der Schule Schwierigkeiten hatten, baten sie um Nachhilfeunterricht. Der Bürgermeister, der einen Kinderspielplatz einrichten wollte, ließ sich von ihr beraten. Einmal landete ein Luftballon mit einer Postkarte bei Hartershausen. Kinder fanden ihn. Was auf der Karte stand, konnte niemand lesen. Friedel wurde befragt. Die stellte fest, daß der Luftballon aus England hergeflogen und aus Anlaß eines Festes abgesandt worden war. Sie übersetzte, was auf der Karte stand, und verfaßte einen Brief an den Absender – natürlich auch in Englisch.

Aus den Kindern des Dorfes stellte sie einen Chor, eine Flötengruppe und ein Orff-Orchester zusammen. An jedem Heiligen Abend führte sie mit ihnen in der uralten Dorfkirche ein Krippenspiel mit musikalischer Umrahmung auf. Zwischen Weihnachten und Neujahr veranstaltete sie im Dorfgemeinschaftshaus jährlich einen vergnüglich-nachdenklichen Seniorennachmittag. In dessen Programm spielten natürlich auch die Kinder eine große Rolle. Und in den großen Ferien organisierte sie ein Sommerfest, auf dem sich Kinder und Eltern miteinander vergnügten. Die erwachsenen Hartershausener schätzten sie, die Kinder liebten sie, und für Friedels eigene Kinder und deren Familien war nun Hartershausen der Mittelpunkt der Pausewang-Familie.

Mit ihrer Ältesten und deren kleinem Sohn fuhr sie jedes Jahr für einige Wochen in schöne Gegenden Deutschlands, je nach Schulferienlänge, oft auch ins Ausland: nach Österreich, wo sie ihre alte Freundin besuchte, nach Südtirol, in die Provence, am liebsten aber nach Spanien, an die Costa Dorada.

Das waren keine Luxusreisen. Friedel lebte, wo immer sie auch war, sehr genügsam, und ihre Älteste war auch nicht auf Komfort und Bequemlichkeit aus. Ihnen ging es vor allem um Landschaft und Natur. Die genossen sie auf weiten Wanderungen.

Und knappe zwei Jahre vor ihrem Tod sah Friedel die Rosinkawiese wieder. Erstaunlich gelassen. Keine Tränen flossen.

War sie daheim, machte sie jeden Tag, wenn das Wetter schön war, einen langen Spaziergang. Bald kannte sie die ganze Umgebung Hartershausens. Und sie schrieb. Es waren wieder pädagogische Fachbücher: »Didaktische Spiele«, »Kreative Spiele« und »Zukunftsspiele«. In diesem letzten Band stellte sie Spiele vor, die in Kindern Sensibilität für Umweltpflege und friedlichen zwischenmenschlichen Umgang wecken und fördern sollten. Diese Bücher fanden noch bis weit in die neunziger Jahre Käufer, genauso wie die Fingerspiele. Und mit ihrer Ältesten zusammen verfaßte sie den dokumentarischen Bericht »Rosinkawiese« als Erfahrungsbeitrag für die vielen Aussteiger, die gegen Ende der siebziger Jahre zurück aufs Land strebten, um dort einfach und in Einklang mit der Natur zu leben.

Ab und zu veranstaltete Friedel Familientreffen. Für alle ihre Kinder war Hartershausen die familiäre Nachrichtenzentrale. Und wann immer eines ihrer Kinder ihre Hilfe brauchte, tat sie, was sie konnte. Im übrigen ließ sie sie ihre eigenen Wege gehen, wie auch sie ihre eigenen Wege ging.

Sie hatte nun genügend Zeit, um politischen und gesellschaftlichen Trends und Strömungen nachzuspüren. Zufällig stieß sie auf Herbert Gruhls Buch »Ein Planet wird geplündert«. Es setzte Zeichen in ihrem Leben: Es machte ihr bewußt, wie verantwortungslos und egoistisch die Menschheit mit ihrem Planeten Erde umgeht. Nach Gruhl las sie die Veröffentlichungen des

»Club of Rome«, die Bücher von Erhard Eppler und die Thesen des Schweizer Naturschützers Hans A. Pestalozzi. Tief beeindruckt las sie jede Neuerscheinung und sah jede Fernsehsendung von Hoimar von Ditfurth.

In ihrem dreiundachtzigsten Lebensjahr wurde sie Mitglied der Grünen.

Nachwort

Meine Mutter hatte gezeigt, daß sie fähig war, Notlagen zu meistern. Die Gestaltung ihres letzten Lebensabschnitts hatte sie sorgfältig geplant, hatte die denkbar günstigsten Voraussetzungen dafür geschaffen und verfügte deshalb über die nötige Gelassenheit, mit Würde alt zu werden. In ihren letzten Jahren bewies sie, daß sie das Leben nicht nur zu bewältigen, sondern auch zu genießen wußte.

Trotzdem vergaß sie nie das Elend, das sie erlebt hatte. Fernsehbilder von Kriegen in anderen Teilen der Welt nahm sie zum Anlaß, dankbar dafür zu sein, daß sie und ihre Kinder mit dem Leben davongekommen waren. Nie mehr – auch dann nicht, als sie schon wieder mehr besaß, als sie brauchte – brachte sie es über sich, trockenes Brot in den Abfall zu werfen oder einen Suppenrest wegzuschütten. Mäkelten ihre Enkel am Essen herum, konnte sie sehr ungehalten werden.

In ihrem hohen Alter wich sie auch nicht mehr der Trauerarbeit aus, der sich immer noch viele Mitglieder ihrer Generation entziehen: sich auseinanderzusetzen mit der Tatsache, das unmenschliche Hitler-Regime unterstützt oder zumindest geduldet zu haben. Dieses Problem hing für sie ja auch eng mit dem Schicksal ihres Mannes, unseres Vaters, zusammen. Deshalb tat ihr diese Trauer ganz besonders weh, und sie wich zurück, wenn jemand daran rührte. Aber in ihrer Hartershausener Einsamkeit arbeitete sie daran. Sie drückte sich nicht.

Sie bezog aber auch bewußt die Zukunft in ihr Leben ein, fühlte sich mitverantwortlich für die Art von

Dasein, in das ihre Nachkommen hineinwuchsen. Sie verstand sich als Glied einer Generationskette. Der »Nach-uns-die-Sintflut«-Standpunkt war nicht der ihre. Sie wollte es sich nicht gutgehen lassen auf Kosten ihrer Enkel und Urenkel.

Jemand hat einmal gesagt, ein Mensch sei nicht tot, solange sich noch jemand an ihn erinnere. Nicht nur wir, ihre Kinder, erinnern uns oft an sie. Sicher hat sie auch in den Kindheitserinnerungen ihrer ehemaligen Kindergartenschützlinge, die nun selbst schon längst Eltern sind, ihren festen Platz. In unzähligen Kindergärten freuen sich Kinder an ihren Fingerspielen. Und eine alte Hartershausenerin, der ich kürzlich begegnete, sagte: »Ja, Ihre Mutter – *das* war eine Frau ... !«

Eine Frau aus der Trümmerfrauengeneration. Eine Frau wie viele.